信息化背景下的网络营销研究

王潇潇　程　虹　著

西北工業大學出版社

西　安

【内容简介】 本书内容包括信息与信息化时代背景、网络营销、网络营销的工具和方法、网络营销信息、网络营销的策略与管理、网络营销及推广技术、网络广告的推广以及企业网络营销的推广等8章。

本书可供从事相关工作的人员阅读、参考。

图书在版编目（CIP）数据

信息化背景下的网络营销研究 / 王潇潇, 程虹著. —西安: 西北工业大学出版社, 2021.9（2025.1 重印）
ISBN 978-7-5612-7980-9

Ⅰ.①信… Ⅱ.①王… ②程… Ⅲ.①网络营销—研究 Ⅳ.①F713.365.2

中国版本图书馆 CIP 数据核字(2021)第 196759 号

XINXIHUA BEIJING XIA DE WANGLUO YINGXIAO YANJIU
信息化背景下的网络营销研究

责任编辑：付高明
责任校对：李阿盟
出版发行：西北工业大学出版社
通信地址：西安市友谊西路 127 号　　**邮编**：710072
电　　话：（029）88493844　88491757
网　　址：www.nwpup.com
印 刷 者：三河市悦鑫印务有限公司
开　　本：710 mm×1 000 mm　1/16
印　　张：13
字　　数：210 千字
版　　次：2022 年 1 月第 1 版　2025 年 1 月第 2 次印刷
定　　价：79.00 元

如有印装问题请与出版社联系调换

前　言

网络营销已成为我国营销服务的主战场。在企业、政府和相关机构中，均设有相应的网络营销岗位。我国进行网络营销始于 1996 年，而在 2000 年，我国的网络营销进入应用和发展阶段，网络营销服务市场大部提升，初步形成了一定的规模，2019 年 5G 技术的实现与应用，到 2020 年 5G 的商用与普及更全、更广，目前在 5G 技术的加持下，网络营销领域的营销方式与模式正在经历一场新的变革。

据统计，截至 2020 年 6 月，我国网民规模达 9.40 亿，较 2020 年 3 月增长 3 625 万，互联网普及率达 67.0%。目前，各种网络调研、网络广告、网络分销、网络服务等网络营销和推广活动，正异常活跃地介入到企业的生产经营中。网络的出现与应用带来社会生产力的革命性飞跃。网络营销已经成为先进的营销形式，在企业营销竞争中的作用越来越重要。

本书着眼于信息化背景下网络营销及网络推广的实务，从理论及实践两个方面意图给我国的网络营销企业以一定的指导，在一定程度上，帮助企业掌握网络营销的技巧及策略，以更好的开展业务，从而在国际化竞争的浪潮中寻得更好的发展。企业在应对网络营销、移动互联网的蓬勃发展时，更多的是手足无措，一片茫然，其实本质问题还是要了解消费者。在本书中的第二章节就给出了关于网络营销的工具和方法的阐述。

全书共有八个章节，分别论述了网络营销的基本理论、网络营销的工具和方法、网络营销信息、网络营销的策略与管理、网络营销及推广技术、网络营销的推广、企业网络营销的推广、网络营销的实战这几个方面的内容，语言简洁、有一定的深度。文中第四章节网络营销的策略与管理反映了网络营销运营并不是立马见效的，需要各管理层对其进行管理，在实施方案前应当做好完整的策划。在网络广告的推广等其他章节里，则是分类细致地阐述了各类别营销方法的实战演练。

文章在写作过程中参考了一些学者、同行的文献资料，在此，对这些文献资料的原创者表以诚挚的谢意!然而，由于作者能力、学识、眼界及经验有限，书中难免存在着这样或那样的缺点和错误，在此，也诚挚地敬请各位读者批评指正。

作 者

目　　录

第一章　信息与信息化时代背景

第一节　信息与信息化

一、信息

（一）信息的概念

信息，指音讯、消息、通信系统传输和处理的对象，泛指人类社会传播的一切内容。人通过获得、识别自然界和社会的不同信息来区别不同事物，得以认识和改造世界。在一切通讯和控制系统中，信息是一种普遍联系的形式。1948 年，数学家香农在题为“通讯的数学理论”的论文中指出：“信息是用来消除随机不定性的东西”。创建一切宇宙万物的最基本单位是信息。

“信息”一词在英文、法文、德文、西班牙文中均是“information”，日文中为“情报”，我国台湾称之为“资讯”，我国古代用的是“消息”。作为科学术语最早出现在哈特莱（R.V.Hartley）于 1928 年撰写的《信息传输》一文中。20 世纪 40 年代，信息的奠基人香农（C.E.Shannon）给出了信息的明确定义，此后许多研究者从各自的研究领域出发，给出了不同的定义。具有代表意义的表述如下：

信息奠基人香农（Shannon）认为“信息是用来消除随机不确定性的东西”，这一定义被人们看作是经典性定义并加以引用。

控制论创始人维纳（Norbert Wiener）认为“信息是人们在适应外部世界，并使这种适应反作用于外部世界的过程中，同外部世界进行互相交换的内容和名称”，它也被作为经典性定义加以引用。

经济管理学家认为“信息是提供决策的有效数据”。

美国著名物理化学家吉布斯（Josiah Willard Gibbs）创立了向量分析并将其引入数学物理中，使事件的不确定性和偶然性研究找到了一个全新的角度，从而使人类在科学把握信息的意义上迈出了第一步。他认为“熵”是一个关于物理系统信息不足的量度。

电子学家、计算机科学家认为“信息是电子线路中传输的以信号作为载体的内容”。

我国著名的信息学专家钟义信教授认为“信息是事物存在方式或运动状态，以这种方式或状态直接或间接的表述”。

美国信息管理专家霍顿（F.W.Horton）给信息下的定义是：“信息是为了满足用户决策的需要而经过加工处理的数据。”简单地说，信息是经过加工的数据，或者说，信息是数据处理的结果。

根据对信息的研究成果。科学的信息概念可以概括如下：信息是对客观世界中各种事物的运动状态和变化的反映，是客观事物之间相互联系和相互作用的表征，表现的是客观事物运动状态和变化的实质内容。

从物理学上来讲，信息与物质是两个不同的概念，信息不是物质，虽然信息的传递需要能量，但是信息本身并不具有能量。信息最显著的特点是不能独立存在，信息的存在必须依托载体。

（二）信息的特点

信息虽然是不确定的，但还是有办法将它们进行量化的。人们根据信息的概念，可以归纳出信息是有以下的几个特点的：

（1）消息发生的概率 P（x）越大，信息量越小；反之，发生的概率越小，信息量就越大。可见，信息量（我们用 I 来表示）和消息发生的概率是相反的关系。

（2）当概率为 1 时，百分百发生的事，地球人都知道，所以信息量为 0。

（3）当一个消息是由多个独立的小消息组成时，那么这个消息所含信息量应等于各小消息所含信息量的和。

根据这几个特点，如果用数学上对数函数来表示，就正好可以表示信息量和消息发生的概率之间的关系式：I=-loga（P（x））。这样，信息不就可以被量化了吗？既然信息可以被量化，那么总得给它一个单位吧？人的体重是以公斤来计量的，人的身高是以米来计量的，那么信息量该以什么单位来计量呢？通常是以比特（bit）为单位来计量信息量的，这样比较方便，因为一个二进制波形的信息量恰好等于 1bit。

二、信息化

（一）信息化的背景

信息化是指培养、发展以计算机为主的智能化工具为代表的新生产力，并使之造福于社会的历史过程。与智能化工具相适应的生产力，称为信息化生产力。信息化以现代通信、网络、数据库技术为基础，对所研究对象各要素汇总至数据库，供特定人群生活、工作、学习、辅助决策等和人类息息相关的各种行为相结合的一种技术，使用该技术后，可以极大地提高各种行为的效率，并且 降低成本，为推动人类社会进步提供极大的技术支持。

随着中国经济的高速增长，中国信息化有了显著的发展和进步，缩小了与发达国家的距离。我国信息化已走过两个阶段正向第三阶段迈进。第三阶段定位为新兴社会生产力，主要以物联网和云计算为代表，这两项技术掀起了计算机、通信、信息内容的监测与控制的 4C 革命，网络功能开始为社会各行业和社会生活提供全面应用。

在国家的大力支持和推动下，我国政务信息化取得了较大进展，市场规模持续扩大。2006 年，我国的政务信息化市场规模为 550 亿元，同比增长 16.4%。至 2010 年，我国的政务信息化市场规模为 1 014 亿元，同比增长 17.5%。未来几年，我国政务信息化市场仍将持续平稳增长，2012 年我国电子政务市场规模为 1 390 亿元。近年来，随着国家政务信息化工程建设的加快，电子政务市场规模增长十分迅速。智研咨询发布的《2019–2025 年中国电子政务市场运行态势与投资战略咨询报告》统计数据显示，2018 年我国电子政务市场规模约 3 106.9 亿元，同比 2017 年的 2 861.8 亿元增长了 8.56%。

根据 Frost&Sullivan《2019 年中国医疗信息化市场研究报告》，从 2015 年至 2019 年，中国医疗信息化市场规模从 54.0 亿元增长至 120.0 亿元，年复合增长率为 22.1%；2020 年受到 COVID–19 新冠疫情影响，医疗信息化建设再次受到各级医疗机构及医疗监管部门的重视。未来随着电子病历的普及、科研临床对于医疗相关数据需求持续增长、新兴医疗信息化市场的发展，医疗信息化市场规模将保持较快增长，预计到 2021 年该市场规模将增至 172.3 亿元。

2010 年，我国物流信息化解决方案市场规模达到 18.12 亿元。未来几年是物流信息化大发展的几年，物流信息化市场需求增长幅度将超过 20%，后几年增长速度更快，2015 年增长速度将达到 30%以上，保守估计 2011–2015 年的年均增长率为 26.44%，2011 年国内市场整体规模将突破 20 亿元，到 2015 年中国物流信息化市场规模达到 51.12 亿元。

中国市场研究机构赛迪顾问发布的《2019 年中国数字营销解决方案市场白皮书》显示，数字经济和信息化经济正在推动全球产业和社会转型，白皮书预测，在中国宏观经济的下行、经济结构的转型升级、激烈的市场竞争等大背景下， 2019 年中国信息营销市场规模将达到 652.5 亿元。伴随着传统行业对信息化营销的广泛和深入的需求，行业和企业的信息化营销需求将进一步爆发。目前，企业数字化营销已经从强调网络化、信息化发展的信息化营销 1.0 时代，经历着以移动互联网、数字化技术高速发展信息化营销 2.0 时代，未来正催生和步入以人机交互、万物互动、智能世界的信息化营销 3.0 时代，营销模式在新技术演进、商业模式创新中不断迭代、升级与变革。同时，信息化营销是实现以消费者需求为核心的数字化体验创新，将传统营销进行在线化和智能化改造，是数字经济时代企业的主流营销方式和发展趋势。此外，在“技术+数据”的双重驱动下，也将引发新一代信息化营销服务市场 IT 应用架构的迭代进阶。目前，信息化营销平台、解决方案和服务市场业态已经形成，并形成了良好的行业生态。其中，以阿里、腾讯为代表的互联网巨头开始实施“中台”战略，同步实现“业务+信息”的打通和共享，支撑用户全新体验与个性化服务，成为中国最早一批优秀的企业信息化转型实践者。在此基础上，以“技术＋数据”双驱动，帮助企业构建的面向消费者的全面触达、交易、运营的营销数字化平台与服务的市场正逐步形成，市场上涌现出一批以领先的“数字中台”为核心架构的解决方案厂商，在白皮书发布的 2018 年中国信息化营销解决方案市场品牌竞争力矩阵图显示，云徙科技等新一批数字化解决方案和服务供应商位居创新能力领导者地位。

此外，电力信息化、金融信息化、酒店信息化等也取得了显著进展。信息化对人们的工作、生活、学习和文化传播方式产生了深刻影响，促进了国民素质的提高和人的全面发展。在行业快速发展的同时，仍存在着突出的问题。在社会信息化、政务信息化与信息安全建设领域仍有不同程度的不足。相信随着我国政策的支持和产业问题的解决，我国信息化将进一步向着纵深方向发展。

（二）信息化的概念

信息化的概念起源于 60 年代的日本，首先是由日本学者梅棹忠夫提出来的，而后被译成英文传播到西方，西方社会普遍使用“信息社会”和“信息化”的概念是 70 年代后期才开始的。

1997 年召开的首届全国信息化工作会议，对信息化和国家信息化定义为:“信息化是指培育、发展以智能化工具为代表的新的生产力并使之造福于社会的历史过程。国家信息化就是在国家统一规划和组织下，在农业、工业、科学技术、国防及社会生活各个方面应用现代信息技术，深入开发广泛利用信息资源，加速实现国家现代化进程。”实现信息化就要构筑和完善6个要素（开发利用信息资源，建设国家信息网络，推进信息技术应用，发展信息技术和产业，培育信息化人才，制定和完善信息化政策）的国家信息化体系。

信息化代表了一种信息技术被高度应用，信息资源被高度共享，从而使得人的智能潜力以及社会物质资源潜力被充分发挥，个人行为、组织决策和社会运行趋于合理化的理想状态。同时信息化也是 IT 产业发展与 IT 在社会经济各部门扩散的基础之上的，不断运用 IT 改造传统的经济、社会结构从而通往如前所述的理想状态的一段持续的过程。

此定义综合了以下学者的定义

（1）1963 年，日本学者 Tadao Umesao 在题为《论信息产业》的文章中，提出“信息化是指通讯现代化、计算机化和行为合理化的总称。”其中行为合理化是指人类按公认的合理准则与规范进行；通讯现代化是指社会活动中的信息交流基于现代通信技术基础上进行的过程；计算机化是社会组织和组织间信息的产生、存储、处理（或控制）、传递等广泛采用先进计算机技术和设备管理的过程，而现代通信技术是在计算机控制与管理下实现的。因此，社会计算机化的程度是衡量社会是否进入信息化的一个重要标志。

（2）林毅夫等指出：“所谓信息化，是指建立在 IT 产业发展与 IT 在社会经济各部门扩散的基础之上，运用 IT 改造传统的经济、社会结构的过程”。

（3）赵苹等给信息化所下的定义则是：“信息化是指人们对现代信息技术的应用达到较高的程度，在全社会范围内实现信息资源的高度共享，推动人的智能潜力和社会物质资源潜力充分发挥，使社会经济向高效、优质方向发展的历史进程”。

（三）信息化的作用

信息化对经济发展的作用是信息经济学研究的一个重要课题。很多学者都对此进行了尝试。比较有代表性的有两种论述：一种是将信息化的作用概括为支柱作用与改造作用两个方面；另一种是将信息化的作用概括为先导作用、软化作用、替代作用、增值作用与优化作用等五个方面。这些观点对我们充分认识信息化的经济功能（或作用）具有一定的参考价值，对此不可忽视。信息化对促进中国经济发展具有不可替代的作用，这种作用主要是通过信息产业的经济作用予以体现。主要有以下几个方面：

1. 信息产业的支柱作用

信息产业是国民经济的支柱产业。其支柱作用体现在两个方面：

（1）信息产业是国民经济新的增长点。信息产业以 3 倍于国民经济的速度发展，增加值在国内生产总值（GDP）中的比重不断攀升，对国民经济的直接贡献率不断提高，间接贡献率稳步提高。

（2）信息产业将发展成为最大的产业。到 2005 年年底，中国电子信息产品出口占全国外贸出口比重将超过 30%，其在国家外贸出口中的支柱地位将得到进一步巩固和提高。信息产业在国民经济各产业中位居前列，将发展成为最大的产业。

2. 信息产业的基础作用

信息产业是关系国家经济命脉和国家安全的基础性和战略性产业。这一作用体现在两个方面：

（1）通信网络是国民经济的基础设施，网络与信息安全是国家安全的重要内容；强大的电子信息产品制造业和软件业是确保网络与信息安全的根本保障。

（2）信息技术和装备是国防现代化建设的重要保障；信息产业已经成为各国争夺科技、经济、军事主导权和制高点的战略性产业。

3．信息产业的先导作用

信息产业是国家经济的先导产业。这一作用体现在4个方面：

（1）信息产业的发展已经成为世界各国经济发展的主要动力和社会再生产的基础。

（2）信息产业作为高新技术产业群的主要组成部分，是带动其他高新技术产业腾飞的龙头产业。

（3）信息产业的不断拓展，信息技术向国民经济各领域的不断渗透，将创造出新的产业门类。

（4）信息技术的广泛应用，将缩短技术创新的周期，极大提高国家的知识创新能力。

4．信息产业的核心作用

信息产业是推进国家信息化、促进国民经济增长方式转变的核心产业。这一作用体现在3个方面：

（1）通信网络和信息技术装备是国家信息化的物资基础和主要动力。

（2）信息技术的普及和信息产品的广泛应用，将推动社会生产、生活方式的转型。

（3）信息产业的发展大量降低物资消耗和交易成本，对实现中国经济增长方式向节约资源、保护环境、促进可持续发展的内涵集约型方式转变具有重要推动作用。

第二节　信息化时代

一、信息化时代的认识

信息化时代就是信息产生价值的时代。信息化是当今时代发展的大趋势，代表着先进生产力。信息化时代按照托夫勒的观点，第三次浪潮是信息革命，大约从20世纪50年代中期开始，其代表性象征为“计算机”，主要以信息技术为主体，重点是创造和开发知识。随着农业时代和工业时代的衰落，人类社会正在向信息时代过渡，跨进第三次浪潮文明，其社会形态是由工业社会发展到信息社会。第三次浪潮的信息社会与前两次浪潮的农业社会和工业社会最大的区别，就是不再以体能和机械能为主，而是以智能为主。

信息化时代历史背景由大机器、大工业和大量人员所从事的大规模流水线生产方式不再是主流，而第三产业即服务性产业将明显增加，信息类无形产业将成为关键资源，有力气但未受过教育或受教育较少的人将面临失业。拥有信息和知识的国家将是富有的国家，这样的富国将与信息贫穷落后的国家分道扬镳。国旗、军队和货币是第二次浪潮国家的象征和主权的标志，第三次浪潮的全球化趋势将打破这类国家主权模式和封闭状态，信息一体化将使国家之间传统的国界概念逐步淡漠。托夫勒认为，目前还没有一个国家进入真正的信息社会，世界正处于新旧时代的交替之中，信息时代已经出现，但工业社会的规模经济还存在，没落的体力劳动和先进的脑力劳动共存。

二、信息化时代的本质

当前世界正在经历一场革命性的变化。正在全球展开的信息和信息技术革命，正以前所未有的方式对社会变革的方向起着决定作用，其结果必定导致信息社会在全球的实现。具体表现为，首先，在生产活动的范围广泛的工作过程中，引入了信息处理技术，从而使这些部门的自动化达到一个新的水平；其次，电讯与计算机系统合而为一，可以在几秒钟内将信息传递到全世界的任何地方，从而使人类活动各方面表现出信息活动的特征；最后，信息和信息机器成了一切活动的积极参与者，甚至参与了人类的知觉活动、概念活动和原动性活动。在此进展中，信息/知识正在以系统的方式被应用于变革物质资源，正在替代劳动成为国民生产中“附加值”的源泉。这种革命性不仅会改变生产过程，更重要的是它将通过改变社会的通讯和传播结构而催生出一个新时代、新社会。在这个社会中，信息/知识成了社会的主要财富，信息/知识流成了社会发展的主要动力，信息/情报源成了新的权力源。随着信息技术的普及，信息的获取将进一步实现民主化、平等化，这反映在社会政治关系和经济竞争上也许会有新的形式和内容，而胜负则取决于谁享有信息源优势。信息和信息技术的本质特点，在社会和经济发展方面也必将带来全新的格局。

三、特征信息化时代的特征和趋势

（一）信息化时代的特征

从全球范围看，有下述若干重要特征可以证明人类正在进入信息社会。首先，信息产业化已经成为历史潮流，发达国家的产业结构正在实现制造经济向信息经济的转化，从而引起经济结构的调整和革命。其次，在生产方式上，发达国家正在由规模经济向非规模经济和聚合经济过渡，从而使受规模经济观念束缚的工业化国家和企业从信息和信息经济中获得了活力。第三，在组织结构上由层序化向分子化结构演变，使非集权化成为当今世界组织结构改革的主导方向，并使企业组织国际化进一步成为趋势。在国家层次上，由于组织结构的“分子化”过程和国际化组合，民族国家的地位和形式已经开始受到新概念的挑战，在全球开始出现各种类型的区域组合。第四，多目标社会效益和民主参与，正在成为企业和政府的重要价值观念。由于我们正在进入的时代是以信息/知识为基础的时代，最主要的资源是全社会可以共享的信息资源，在发达国家，工业化提供的财富条件已经使社会将更高阶的关心推到了前台，人们的文化价值观念正在转向更强调社会资源、知识资源、政治资源以及人力资源。

（二）信息化时代的趋势

从宏观方面看，信息时代的若干发展趋势已经成为不可逆转的历史潮流而改变着当今世界的面貌和格局。首先，与发展中国家的工业化过程并行，发达国家正出现以信息技术为主的后工业化扩散周期，在全球形成两个周期并行、交叉、重合的局面，由此对社会的产业结构、生产活动方式、全球经济结局、组织结构、管理决策等诸方面产生了深刻而久远的历史性变化。其次，国际性产业结构调整成为全球性趋势，促进了新经济秩序的出现和世界经济发展中心的转移。在一个历史时期内，世界经济所出现的以互相依赖、分工合作、协同发展（当然隐含着更加激烈的竞争）为主要内容的国际经济新秩序，以及由此建立而发生的经济发展中心东移的趋势，应当看作是信息时代经济和社会发展的一个动力因素。第三，由于信息和信息技术的巨大作用，政治、经济、文化等各方面的全球化已经成为不可回避的现实和趋势，市场和生产中心的全球化；传播和电讯网的全球化，即信息技术的全球化；资产的全球化；企业组织全球化以及商业竞争的全球化等必将引起国家之间、企业之间经济关系和政治格局的变化。第四，国际社会信息化正在成为历史趋势，使得国家和人民在政治、经济和文化的各个方面都更加相互依存。伴随着信息技术的冲击，这种全球性依存关系正在影响和改变着国际政治过程和经济文化关系，并将引导历史向着未曾预料的方向发展。

第三节 信息化的背景意义分析

“信息化”已经成为一个流行的术语，但信息化作为一种现象其产生有着非常复杂的社会经济背景，并且学界对此现象的理解也并不相同，本文拟从各种不同的视角分析信息化现象的社会经济背景，并讨论其概念。我们认为对于信息化现象的多视角认识及概念的解析，对于我的信息化建设具有的指导意义。

一、信息经济视角

很多经济学家将信息化现象描述为“一种新的经济形式”，他们称其为“信息经济”，这方面的代表人物有马克卢普、波拉特等人。他们认为，随着信息技术的发展以及生产系统与社会系统的日趋复杂化，使得信息及其围绕信息的活动日显重要，从而导致了新的经济形式即“信息经济”的产生，他们把信息经济简单地定义为“经济活动中的信息活动”。同时，他们认为信息经济的发展现今已经达到了一个相当高的水平，从而导致了产业结构的变化，在传统的工业、农业、服务业基础之上产生了“第四产业”，马克卢普称成其为“知识产业”，而更多的学者称其为“信息产业”。波拉特在诠释信息产业的内容时将其分为第一信息部门与第二信息部门，第一信息部门是指直接向市场提供信息产品和信息服务的部门；第二信息部门为把信息劳务和资本提供给内部消耗而不进入市场的信息部门，我国信息经济学家乌家培教授认为“信息产业是从事信息技术设备制造以及信息的生产、加工、存贮、流通与服务的新型产业部门”。在信息产业和信息经济概念基础上，信息经济学家的一个明显的特点是注重通过一些“信息经济指标”对它们进行计量。例如用“信息资源丰裕系数”来计量信息资源的丰裕程度，用“信息化指数”来计量信息化的水平，这些方法最早一般都用于宏观领域，特别是产业的层面，而现在这些方法逐渐地在向微观领域扩张，例如用信息化指数来度量一个城市、甚至一个企业的信息化水平。信息经济视角从经济的角度来理解信息化现象不仅在学术领域有较大的影响，并且由于可以提供定量的分析，为宏观经济决策提供量化的依据，信息经济理论与方法得到了各国政府的采纳与推动，在国际上也得到了国际经合组织（OECD）的推动。但是，信息经济方法也受到了严厉的批评。首先信息经济定义中所指的信息活动的含义并不清晰，也很难界定，按照国际经合组织的解释：一切从事信息的生产、处理、分发、维护的活动均为信息活动。那么按照此宽泛的解释人们自然会质疑：教师所从事的活动是否为信息活动，图书收藏者所从事的活动是否为信息活动。其次，信息化作为一种复杂的过程所带来的社会经济变化是巨大的、有很多方面是不可视的，是不可以简单地用一些经济技术指标来描述的，信息经济方法反过来用可视的、受限的经济技术指标来归纳信息化现象通常是不全面的，甚至是误导的。最后，即使这些指标代表了信息化某些方面的特征，它们之间的关系也不易甚至不可能为人们完全理解，它们之间不太可能完全是独立的，甚至有些可能是非线性的，而信息经济学家在处理这些指标之间的关系时通常缺少根据。

二、信息社会视角

与信息经济学家观点不同的是，许多社会学家认为当前所发生的变化是全社会的、多维度的变化，而不只是经济维度的变化，他们称当今社会已经进入了一个“信息社会”。持这种观点的代表人物是贝尔。

贝尔在阐述其所描述的信息社会的特征时首先从生产方式的讨论入手，在农业社会以土地种植为主要生产方式，工业社会以使用自然资源（原材料、能源）生产工业产品为主要生产方式，他认为信息社会的主要生产方式是信息的生产。其次他认为在标示社会特征方面与生产方式同样重要的还有一个社会的根本趋向，他称其为轴心原理，他认为在信息社会中信息的获取、使用将成为社会的根本趋向。

按照贝尔的观点，信息社会的到来有两个因素，其一是信息技术的创新与发展，其二是知识的迅速扩展。在这两个因素导致社会发展到信息社会的过程中，其他社会变革因素起到了重要的“导入”作用。

苏伊特等人主张将“信息社会”称作“后工业社会”其含义是与工业社会中社会的主要价值来源于工业部门相比，后工业社会的主要价值将来源于非工业部门，苏伊特称此部门为“信息服务部门”。

无论是信息社会的观点、还是后工业社会的观点也都受到了严厉的批评,例如葛术尼批评了后工业社会的观点的“去工业化(de-industrialisation)”思想，指出服务部门不断地使用工业产品也可以认为是服务部门的工业化过程。更多的人批评贝尔的信息社会将取代工业社会的说法缺少根据，虽然信息技术带来了社会经济结构方面的巨大变化，但很多人认为这种新的社会形态是一种信息社会与工业社会并存的形态。

三、后福特主义视角

以法国“制度学派”为代表的一批学者视信息化现象为“福特主义危机”他们称西方社会进入了“后福特主义”时代。

福特主义代表了西方资本主义社会自20世纪40年代以来所形成的经济系统以及相应的社会制度框架，福特主义的经济系统的运行主要依据于规模经济、标准化的产品、大批量的生产与消费，而凯恩斯的干预主义以及国家福利政策被认为是支持这种经济结构运行的关键社会制度要素。而自70年代以来,福特主义作为一种经济系统与社会制度框架均受到了挑战，而以私有化、制度化、国家福利的非集中化为主要倾向的“后福特主义”诞生。

在分析西方社会由福特主义时代进入到后福特主义时代的原因时，很多学者认为市场需求的变化与饱和、生产率的下降是重要的因素。而也有很多学者认为以信息技术为代表的“新技术范式”才是这场变革的真正原因，以信息技术为代表的新技术是支持后福特主义生产的催化剂。

四、工业革命视角

斯特因穆勒等人是正在发生的现象为“第二次工业革命”在他们看来如果说以蒸汽机为代表的第一次工业革命解放的是人们的体力，那么这次以信息技术为代表的第二次工业革命解放的是人们的脑力。柏宁格描述了这两次革命之间的关系，他认为第二次工业革命的产生是为了解决第一次工业革命所带来的“管理危机”。第一次工业革命后产品的生产系统与物流系统日趋复杂、市场的竞争日趋激烈、不确定性情况下的决策也越来越明显，这一切导致计划、控制及决策等管理活动日趋艰难，而信息技术可以帮助管理者解决以上的问题。

柏宁格的理论蕴含了第二次工业革命的“需求拉动”假设，而更多的学者视第二次工业革命为“技术推动”的结果。他们认为信息技术作为推动的力量推动了社会的发展，社会的各个方面为适应信息技术而做出调整，而反过来信息技术独立于社会，即社会不对技术形成影响。这种技术推动的理论通常基于“心田技术（heartlandtechnology）”概念，所谓心田技术，按照普瑞兹的解释，是指“一种横跨许多生产过程，可降低成本、节省时间、提高质量、产生效益，并且因此而迅速扩散的技术”，这种技术带来的结果是社会经济基础的变革、新的生产方式、新的产品、新的组织形式、新的工作制度、新的技能。而普瑞兹等人认为信息技术是一种最新的、革命性的心田技术。

与强调信息技术相比，鲁宾与韦伯斯特等人更强调信息在第二次工业革命中的中心地位，他们认为尽管信息与信息技术对于推动当今社会的变革均有作用，但是围绕信息的活动起主要作用，随着全球竞争的加剧以及相应的决策不确定性的增加，信息将成为越来越重要的资源，其重要性将日显突出。

第二章 网络营销

第一节 网络营销概述

一、网络营销的基本概念

与许多新兴学科一样，“网络营销”目前不仅没有一个公认的、完善的定义，而且在不同时期、从不同角度对网络营销的认识也有一定的差异。从广义上说，网络营销是指企业为实现营销目标，利用互联网络及相关技术开展的各种营销活动；从狭义上说，网络营销以现代营销理论为基础，是企业整体营销战略的一个组成部分，通过互联网技术和手段促进产品、服务和理念的交换，吸引新客户，留住老客户，最大限度满足客户需求，以开拓市场、增加盈利为目标的经营过程。

下面对网络营销基本概念中涉及的一些问题给予必要的说明。

（一）网络营销不等于电子商务

网络营销和电子商务是一对紧密相关又具有明显区别的概念，两者很容易造成混淆。比如，企业建一个普通网站就认为是开展电子商务，或者将网上销售商品称为网络营销等，这些都是不确切的说法。电子商务的内涵很广，电子化交易是其核心，交易方式和交易过程的各个环节都是电子商务所强调的。网络营销包含在企业整体营销战略中，是它的一个组成部分，这一点在网络营销的定义中已经表明，可见无论是否具有电子化交易的发生，也无论传统企业还是基于互联网开展业务的企业，都需要网络营销。但网络营销本身只是为了促成交易提供支持，它并不是一个完整的商业交易过程，因此它是电子商务中的一个重要环节，网络营销发挥着主要的信息传递作用，最主要的是在交易发生之前。电子商务和网络营销的这种关系也表明，发生在电子交易过程中的网上支付和交易之后的商品配送等问题并不是网络营销所能包含的内容。同样，电子商务体系中所涉及的安全、法律等问题也不适合全部包括在网络营销中。

（二）网络营销不等于网上销售

网络营销是为最终实现产品销售、提升品牌形象的目的而进行的活动。网上销售是网络营销发展到一定阶段产生的结果，但并不是唯一结果，因此网络营销本身并不等于网上销售。这可以从三个方面来说明：

（1）促进网上销售不是网络营销唯一的目的，很多情况下，网上直接销售的目的网络营销活动不一定能顺利的实现，但是它却可以促进网下销售的增加，并且使顾客的忠诚度也有所增加。

（2）网上销售是网络营销的一个部分，并且网上销售不是必须具备的内容，许多企业网站根本不是为了网上销售而建立的，而只是一个渠道，主要是为了发布产品的信息，通过一定的网站推广手段，实现产品宣传的目的。

（3）网络营销的效果是从多个方面表现出来的，例如加强与客户之间的沟通、改善对顾客服务、拓展对外信息发布的渠道、提升企业的品牌价值等。

因此，站在网络营销的角度来看，“互联网上根本没有狗”。

（三）网络营销是对网上经营环境的营造

开展网络营销需要一定的网络环境，如网络服务环境、上网用户数量、合作伙伴、供应商、销售商、相关行业的网络环境等。网络营销环境为企业开展网络营销活动提供了潜在用户，以及向用户传递营销信息、建立顾客关系、进行网上市场调研等各种营销活动的手段和渠道。企业的网络营销活动也是整个网络环境的组成部分，开展网络营销的过程，就是与这些环境因素建立关系的过程。这些关系发展好了，网络营销才能取得成效。

例如，网站推广常用的搜索引擎营销和网站链接策略的实施，也就是和搜索引擎服务商以及合作伙伴之间建立良好关系的过程，网站访问量的增长以及网上销售得以实现都是对网上经营环境营造的结果。因此，网络营销是对企业网上经营环境的营造过程，也就是综合利用各种网络营销手段、方法和条件并协调其间的相互关系，从而更加有效地实现企业的营销目标。本章后面将对网络营销环境作进一步阐述。

（四）网络营销不是孤立存在的

网络营销是企业整体营销战略的一个部分，网络营销活动不可能脱离一般营销环境而独立存在，在很多情况下网络营销理论是传统营销理论在互联网环境中的应用和发展。对于不同的企业，网络营销所处的地位有所不同。以经营网络服务产品为主的网络公司，更加注重于网络营销策略，而在传统的工商企业中，网络营销通常只是处于辅助地位。由此也可以看出，网络营销与传统市场营销策略之间并没有冲突，但由于网络营销依赖互联网应用环境而具有自身的特点，因而有相对独立的理论和方法体系。在企业营销实践中，往往是传统营销和网络营销并存的。

有必要说明的是，网络营销的内涵和手段都在不断地发展演变中，关于网络营销的定义和理解也只能适用于一定的时期。随着时间的推移，这种定义可能显得不够全面，或者不能够反映新时期的实际状况。

网络营销在国外有许多翻译，如 Cyber Marketing，Internet Marketing，Network Marketing，E-Marketing 等等，使用最为广泛的是 Internet Marketing 和 E-Marketing。

Internet Marketing，即应用互联网和相关技术在 Internet 上开展的营销活动，并结合传统交流媒介，共同实现市场营销的最终目标。

E-Marketing，即通过电子交流技术的使用来实现市场营销的最终目标，其含义范围涉及更广，触及网络、互动数字电视和移动营销，同时也结合了技术方式如数据库营销和 CRM 等来共同实现市场营销目标。E 表示电子化、信息化、网络化含义，既简洁又直观明了，而且与电子商务（E-Business）、电子市场（E-Market）等进行对应。

Internet Marketing 趋向于外在观点，网络怎样能够被用来与传统媒介相结合，以获取客户和传递服务。E-Marketing 同时包含了内在和外在的观点，即考虑如何利用信息交流技术提高内在和外在的市场营销的流程和交流途径。

（五）网络营销不应被称为“虚拟营销”

“在互联网上，没有人知道你是一条狗”，这是一句广泛流传的话，最早出现在 1993 年的美国著名杂志《纽约人》的一幅漫画（作者：彼得·斯坦纳）中，以此来说明互联网的虚拟性。一些文章中喜欢用“虚拟营销”来描述网络营销，其实这是不合适的。因为，所有的网络营销手段都是实实在在的，而且比传统营销方法更容易跟踪了解消费者的行为。比如，借助于网站访问统计软件，可以确切知道网站的访问者来自什么地方，在多长的时间内浏览了哪些网页，企业可以知道用户来自什么 IP，也可以知道企业发出的电子邮件有多少用户打开，有多少用户点击了其中的链接，还可以确切知道下订单的用户的详细资料，利用专用的顾客服务工具，甚至可以同访问者进行实时交流，所以每个用户都是实实在在的。另一方面，尽管传统的商场中顾客熙熙攘攘，但商店的经营者却对顾客一无所知，即使如此，他也并不会将用户当作“狗”，因为经营者了解用户的整体统计特征，顾客是实实在在的，并不会因为不知道每个顾客的详细信息而将顾客看作“狗”。

二、网络营销的特点

因为互联网具有营销所要求的某些特性，使得网络营销呈现出以下一些突出特点。

（一）经济性

网络营销实现交易双方的信息交换是通过互联网进行的，网络交换代替传统的面对面交易，不仅可以减少邮递与印刷成本，进行无点面销售而免交租金，节约水电与人工等销售成本，而且也减少了由于多次交换带来的损耗，提高了交易效率。

资源的广域性、地域价格的差异性、交易双方的最短连接性、市场开拓费用的锐减性、无形资产在网络中的延伸增值性以及所有这一切对网络营销经济性的关系和影响，都将使我们极大的降低交易成本，给企业带来经济利益。

（二）全球性

网络的连通性，决定了网络营销的跨国性；网络的开放性，决定了网络营销市场的全球性。在此之前，任何一种营销理念和营销方式，都是在一定范围内去寻找目标客户。而网络营销，是在一种无国界的、开放的、全球的范围内去寻找目标客户。市场的广域性、文化的差异性、交易的安全性、价格的变动性、需求的民族性、信息价值跨区域的不同增值性及网上客户的可选择性不仅都给网络经济理论和网络营销理论研究提供了广阔的发展空间和无尽的研究课题，而且这种市场的全球性带来的是更大范围成交的可能性、更广域的价格和质量的可比性，而越是可比性强，市场竞争越发激烈。

网络的全球互联共享性和开放性，决定了网络信息的无地域、无时间限制的全球传播性。由此也决定了网络营销效果的全球性。

（三）整合性

在互联网上开展营销活动，可以完成从商品信息的发布到交易操作的完成及售后服务的全过程，这是一种全程营销。在网络营销的过程中，将对多种资源、多种营销手段和营销方法进行整合；将对有形资产和无形资产的交叉运作和交叉延伸进行整合。这种整合的复杂性、多样性、包容性、变动性和增值性具有丰富的理论内涵。

（四）交互性

企业通过互联网可以和客户进行双向互动式沟通：收集市场信息、向客户展示商品目录、进行产品测试与消费者满意度调查等。论坛、Blog、Web2.0，网络营销客服软件的出现，网站在线提交表单、留言、QQ、MSN、E-mail 的双向交流，使得客户可以在产生某种产品需求欲望的时候就能够有针对性地及时了解产品和服务信息，由此商家能够快捷了解消费者需求，通过提供良好在线客服，增强客户信赖感，提高成交率。

（五）技术性

建立在以网络与通信技术（ICT）作为支撑的互联网基础上的网络营销，使企业在实施网络营销时必须有一定的技术投入和技术支持，以提升信息管理部门的功能。

（六）个性化

在互联网上进行的营销活动具有非强迫性、一对一、消费者主导和循序渐进式的特点，这是一种低成本与个性化的促销方式，企业通过信息提供与交互式沟通，与消费者建立起一种长期的、相互信任的良好合作关系。定制营销与直复营销是未来营销的发展趋势。互联网所具备的一对一营销能力正好迎合了这一点。[①]

三、网络营销的职能

（一）网络品牌

在互联网上建立并推广企业的品牌，以及让企业的网下品牌在网上得以延伸和拓展是网络营销的重要任务之一。网络营销为企业利用互联网建

① 华迎．网络营销．北京：对外经济贸易大学出版社，2009：4.

立品牌形象提供了一个平台，无论是大型企业还是中小企业都可以用适合自己企业的方式展现品牌形象。企业网站建设是网络品牌建设的基础，运用一些推广措施，使顾客和公众对企业的认知和认可。网络营销效果的表现形式之一是网络品牌价值，通过网络品牌的价值转化实现持久的顾客忠诚和更多的直接收益。

（二）网上销售

企业销售渠道在网上的延伸就是网上销售。一个具备网上交易功能的企业网站本身就是一个网上交易场所，网上销售渠道建设并不只是企业网站本身，也包括在专业电子商务平台上建立的网上商店，以及和其他不同形式电子商务网站的合作等。因此并不是大型企业才能开展网上销售，规模不同的企业都有可能拥有适合自己需要的在线销售渠道。

（三）网站推广

网络营销取得成效的基础是获得必要的访问量，这对于中小企业显得尤为重要，由于经营资源的限制，投放广告、发布新闻、开展大规模促销活动等宣传机会比较少，所以更为重要通过互联网手段进行网站推广，这也是中小企业对于网络营销更为热衷的主要原因。同时网站推广对于大企业也是十分必要的，事实上许多较高的知名度地大型企业网站访问量也不高。因此，网络营销最基本的职能之一是网站推广，是网络营销的基础工作。

（四）销售促进

为最终增加销售提供支持是市场营销的基本目的，网络营销也不例外，各种网络营销方法大都直接或间接具有促进销售的效果，同时还有许多网上促销手段都是有针对性的。这些促销方法并不限于对网上销售的支持，事实上，网络营销对于促进网下销售也是很有帮助的，一些没有开展网上营销的企业也进行网上营销的原因就在于此。

（五）顾客关系

对于开发顾客的长期价值具有至关重要的作用是顾客关系，企业创造和保持竞争优势的重要策略之一就是以顾客关系为核心的营销方式。网络营销为提高顾客满意度、建立顾客关系和顾客忠诚提供了更为有效的手段，网络营销取得长期效果的必要条件，是通过良好的顾客服务手段和网络营销的交互性来增进顾客关系增进顾客。

（六）顾客服务

互联网提供了许多方便的在线顾客服务手段，从形式最简单的FAQ（常见问题解答），到邮件列表、电子邮件，以及在线论坛和各种即时信息服务等。在线顾客服务的优点是成本低、效率高，在提高顾客服务水平、降低顾客服务费用方面的作用是十分显著的，同时也直接影响到网络营销的效果，因此在线顾客服务成为网络营销的基本组成内容。

（七）信息发布

通过各种互联网手段，将企业营销信息以高效的手段向目标用户、合作伙伴、公众等群体传递，是网络营销的基本思想，因此信息发布就成为网络营销的基本职能之一。互联网为企业发布信息创造了优越的条件，不仅可以将信息发布在企业网站上，还可以运用各种网络服务商和网络营销工具的信息发布渠道向更大的范围传播信息。

（八）网上调研

调查周期短、成本低是网上市场调研的特点。网上调研不断为制定网络营销策略提供支持，还是整个市场研究活动的辅助手段之一，对于市场营销策略来说，合理利用网上市场调研手段，具有重要价值。网上市场调研与网络营销的其他职能具有同等地位，不仅可以依靠其他职能的支持而开展，而且也可以相对独立进行，网上调研的结果反过来又可以为其他职能更好地发挥提供支持。

网络营销的各个职能之间并非相互独立的，而是相互联系、相互促进的，网络营销的最终效果是各项职能共同作用的结果。为了直观描述网络营销八项职能之间的关系，可以从其作用和效果方面来做出大致的区分：网站推广、信息发布、顾客关系、顾客服务和网上调研这五项职能属于基础，主要表现为网络营销资源的投入和建立，而网络品牌、销售促进、网上销售这三项职能则表现为网络营销的效果（包括直接效果和间接效果）。如图 1-1 所示描述了网络营销八项职能之间的关系。

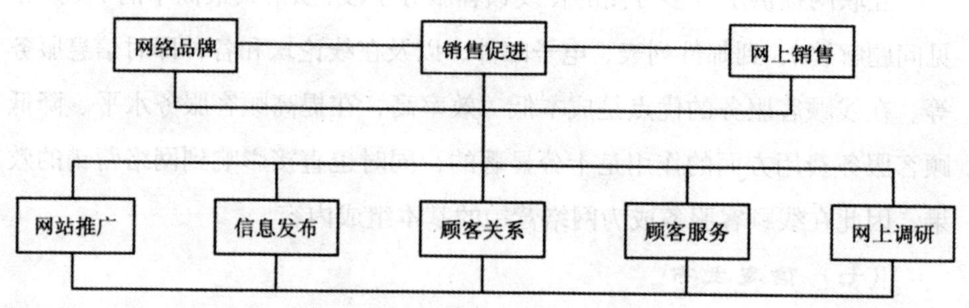

图 1-1 网络营销职能关系图

四、网络营销的优势

与传统的营销手段相比，网络营销无疑具有许多明显的优势。

（一）决策的自主性、便利性

各种信息充斥着当代人的生活，无论是报纸、杂志、广播，还是电视，都是铺天盖地的广告，而最让人讨厌的莫过于精彩的电视剧中也被见缝插针地植入了广告，使人们难以回避，只有被动地接受各种信息，在这种情况下，广告的广告的效率之低也就可想而知了。于是，商家感慨广告难做，消费者抱怨广告太多太滥。网络营销就全然不同了，人们不必承受广告的轰炸，而是根据自己的喜好或需要去选择相应的信息，如产品、厂家等，先进行比较，然后再做出购买的决定。这样的选择轻松而自在，不必受时间、地点的限制，24 小时皆可，浏览的信息可不受地域、国别的限制，可以是国内外的任何一家网站，不必像现实生活中一样，一家家商场跑来跑去比较质量、价格，更不必面对售货员的“热情推销”，而是全部由自己决定，只要点击鼠标就可以，这样的灵活、快捷与方便，是商场购物所无法比拟的，尤其受到很多没有时间或不喜欢逛商场的人士的欢迎。

（二）更有利于取得未来的竞争优势

在中国了供孩子学习是许多家庭购买电脑都初衷，使他们掌握更多的信息，从而能跟上时代的脚步，而孩子们的好奇心极强的，他们大都对电脑非常着迷，如果能抓住现在孩子的新，当十几年以后，当他们成为消费者时，他们的首选的无疑是早先为他们所熟知那些产品，可以这么说，抓住了现在的孩子，也就抓住了未来的消费主力，从而也就能顺利地占领未来的市场。从长远来看，网络营销能给商家带来长期的利益，一批忠实客户在不知不觉中就培养出来了。

（三）成本优势

在网上发布信息的代价是十分有限的，由于它是直接向消费者推销产品的，可缩短分销环节，谁都可以自由地索取发布的信息，销售范围也随之拓宽，这样促销费用就可以得以节省，从而降低成本，产品价格竞争力就大大加强。前来访问的客户大多对此类产品感兴趣，受众准确，许多无用的信息传递得以避免，也可节省费用。库存量也可根据订货情况来调整，从而降低库存费用。例如网上书店，其书目可按通常的分类，分为文学类、外文类、社科类、电子类、计算机类等，还可按出版社、作者、国别等来进行索引，以方便读者的查找，还可以用专栏介绍新书及内容简介，而信息的更新也很及时、方便，以较低的场地费、库存费提供更多更新的图书，来争取客源。

（四）优化服务

传统购物中有两种售货员是消费者最怕遇到，一种是“冷若冰霜”，让人不敢买；另一种是“热情似火”，让人不得不买，虽推销成功，客户却心中留怨。一对一服务是网络营销的特点，它留给顾客的是更多的自由考虑的空间，从而避免了因一时冲动而购买了不必要的商品，可以进行多方面地比较后再作决定。网上服务是全天候的，而且非常快捷。一个人买了惠普公司的打印机，总是出现问题，通过咨询得知是打印程序的问题，于是他找到惠普公司的网站，下载了打印程序，问题便解决了，多么快捷与方便，惠普公司也因此节省了一笔费用。不仅仅是售后服务，在客户咨询和购买的过程中，商家也可以及时地提供服务，帮助客户完成购买行为。一般情况下售后服务的费且占开发费用的 67%，此项费用可以通过网络服务降低。

（五）多媒体效果

网络广告既具有平面媒体的信息承载量大和电波媒体的视、听觉效果，可谓图文并茂、声像俱全的双重优点。而且，发布广告不需印刷，节省纸张，也不受时间、版面限制，只要需要客户就可以随时索取。

（六）良好的沟通

客户的意见可以通过制作调查表来收集，让客户参与产品的设计、开发、生产，使生产以客户为中心真正得以实现，从不同的方面满足客户的需要，不必要的浪费就可以避免。而客户对自己参与设计的产品也会倍加喜爱，就像是自己生产的一样。商家可设立专人解答疑问，以这种方式帮助消费者了解有关产品的信息，使沟通人性化、个别化。比如汽车生产厂家可提供不同样式的发动机、方向盘、车身颜色等供客户挑选，然后在电脑上模拟安装，使客户能看到成型的汽车，并随心调整，从而实现汽车也可大量定制，商家也可由此了解客户的兴趣、爱好，据此进行新产品的开发。

第二节 网络营销的理论基础

一、直复营销理论

直复营销（Direct Marketing），是指依靠产品目录、印刷品邮件、电话或附有直接反馈的广告以及其他相互交流形式的媒体的大范围营销活动。根据美国直复营销协会（America Direct Marketing Association，ADMA）为直复营销下的定义，直复营销是一种为了在任何地方产生可度量的反应和（或）达成交易而使用一种或多种广告媒体的相互作用的市场营销体系。直复营销包括直接邮购、目录购货、电话营销、电子购物和其他媒体购物等形式。比起传统的从批发商到零售商的分销方式，直复营销具有很多优点，如中介少，提供充分的商品信息，减少销售成本，无地域障碍，优化营销时机，以顾客反馈信息开发和改善产品，控制、精确测定成本和业务量等。

计算机技术，更确切地说新兴的网络信息技术，对直复营销的发展起了很大的作用。网络作为一种交互式的、可以双向沟通的渠道和媒体，将传统意义上的企业与顾客随时随地都可建立个人化和精确化的联系成为可能。网络可以很方便地为企业与顾客之间架设桥梁，顾客可以直接通过网络订货和付款，企业可以通过网络接收订单、安排生产，直接将产品送到顾客手上。基于网络的直复营销将更加符合直复营销的理念，这里所说的网络就是互联网。在互联网上的网络直复营销具体表现在以下几个方面。

（一）直复营销具有跨越时空的特征

无论在任何时间、任何地点，实现顾客与营销者的双向信息交流是直复营销活动所强调的。互联网的全球性和持续性的特征，使得顾客可以通过互联网，在任何时间、地点直接向作为营销者的生产企业提出服务请求或反映问题；企业也可以利用互联网，低成本地跨越地域空间和突破时间限制与顾客实现双向交流。

（二）直复营销的效果可测定

营销活动的效果是可测定是直复营销最为重要的特性之一，就是。互联网作为最直接的、简单的沟通工具，可以很方便地成为企业与顾客沟通支持和交易平台，通过网络控制技术和数据库技术，企业处理每一位顾客的购物订单和需求是很方便的，而顾客的规模大小、购买量的多少可以不用做过多的考虑。这是由于互联网的沟通费用和信息处理成本很低廉。因此，通过互联网可以用最低成本、最大限度地满足顾客需求，在此过程中对顾客的需求也有所了解，详细分析目标市场，使营销效率和效用得到提高。

（三）直复营销的一对一服务

为每个目标顾客提供直接向营销者反映情况的通道是直复营销活动中最关键的环节。这样企业可以通过顾客反映，找到不足之处，为下一次直复营销活动做好准备。由于互联网的方便、快捷性，使得顾客可以方便地通过互联网直接向企业提出购买需求或建议，也可以直接通过互联网获取售后服务。企业也可以从顾客的建议、需求和希望得到的服务中，找出企业的不足，改善企业自身的经营管理，提高服务质量。[①]

（四）直复营销的互动性

直复营销特别强调营销者与顾客之间的双向信息的交流，它是通过相互作用的体系，用来克服传统市场营销中单向信息传递方式的营销者与顾客之间不能直接沟通的致命缺点。互联网是一个自由的、开放的双向式信息传递的网络，作为营销者的生产企业与作为消费者的顾客之间，可以实现直接的一对一的信息交流与沟通。在互联网上，企业可以根据顾客不同的需求，直接进行商品的生产和营销决策，以最大限度满足顾客的需求，

---

① 瞿彭志．网络营销[M]．北京：高等教育出版社．2009：62-64．

同时也能提高企业营销决策的效率和效用。

网络营销作为一种很有效的直复营销策略，主要来源于网络营销的可度量性、可测试性、可评价性和可控制性。因此，运用网络营销这种特性，可以很大程度的改进提高营销策决策的效率和营销执行的效用。

罗维互动营销服务有限公司成立于 2001 年，总部位于上海，是国内为数不多的专业直复营销服务商之一。罗维公司为各类企业提供目标客户信息以及迅速接触它们的通道与方法，为达到该目标公司提供一整套专业直复营销解决方案。

罗维公司提供的所有服务均建立在数据库资源、数据库技术和后勤服务的资源体系上，大多数客户在实施了其提供的项目服务后，在营销组合方面均取得显著的改善和加强，对于销售业绩的提升产生了直效的作用。

二、整合营销理论

当前社会正处在后工业化之中，服务业在第三产业中的迅速发展是当下经济主要的增长点，以制造业为主的传统企业也正向服务型转变。服务业新形式如金融、交通、通信等产业正快速发展。以服务为主，以顾客为中心是后工业化社会企业发展的要求，为顾客提供适情、适时、适地的服务，最大限度的满足顾客的需求。互联网是跨时空传输的"超导体"媒体，能给顾客所在地提供准时的服务，同时互联网的交互性可以洞察顾客需求并随时提供针对性的响应。可以说消费时代中互联网是最具魅力的营销工具。

互联网对于市场营销的作用，可以通过对 4P＇s（产品／服务、价格、分销、促销）相互结合发挥重要作用。利用互联网传统的 4P＇s 营销组合能更好地与以顾客为中心的 4C＇s（顾客、成本、方便、沟通）相结合。

（一）以顾客能接受的成本定价

当下必须摒弃市场营销中以传统的生产成本为基准的定价方式为导向。新型的定价方式应是以顾客可以接受的成本来定价，并以该成本为依据来组织生产和销售。企业定价以顾客为中心，就必须调查市场中顾客的需求和对价格认同的标准，要不然以顾客接受成本来定价就会化为泡影。在互联网企业可以很容易实现，接受成本顾客可以通过互联网提出，根据顾客的成本，企业提供柔性的产品设计和生产方案供用户挑选，到顾客表示认同后再组织进行生产和销售，这所有的一切都完成都是顾客在公司的服务器程序的引导下完成的，避免了聘请专门的服务人员，大大降低了成本。目前，美国的通用汽车公司同意顾客在互联网上，通过公司专业的引导系统自己设计和组装自己心目中得汽车。接受价格的标准是用户首先要确定的，然后系统根据价格的从中显示满足要求式样的汽车，如果用户不满意，还可以进行适当的修改，公司最终生产的产品恰好顾客心仪的车型。

（二）压迫式促销转向加强与顾客沟通和联系

以企业为主体是传统的促销方式，主要是通过媒体或工具对顾客进行灌输式促销，用这种方法加强顾客对公司和产品的接受度和忠诚度，但是这种方式的效率很低，顾客只是被动地接受，企业缺乏与顾客的沟通和联系，并且公司的促销成本也很高。而互联网上的营销最大的好处是它是一对一和交互式的，公司的营销活动顾客可以直接的参与进来，可见互联网缩短了企业与顾客之间的距离，更有助于了解顾客和需求，更易引起顾客的认同。美国的公司雅虎（Yahoo!）公司，开发的一个可以在互联网上对信息分类检索的系统，由于该产品的交互性很强，用户可以将自己认为重要的分类信息提供给雅虎公司，雅虎公司马上将该分类信息加入产品中供其他用户使用，这样不用做宣传，也能使产品广为人知，并且在两年之内公司的股票市场价值达几十亿美元，增长率极高。

（三）产品的分销以方便顾客为主

分销渠道是一对一的，这是网络营销最大的特点之一，其销售是跨时空的，利用互联网顾客可以随时随地订货和购买产品。以法国钢铁制造商犹齐诺—洛林公司为例，该公司创立后，因为采用了电子邮件和世界范围的订货系统，从而把加工时间从 15 天缩短到 24h。目前，互联网已经被该公司采用，提供比对手更好、更快的服务。通过内部网该公司与汽车制造商建立联系，从而可以在对方提出需求后及时把钢材送到对方的生产线上。

（四）产品和服务以顾客为中心

一方面，由于互联网互动性和引导性非常好，用户运用互联网并在企业的引导下对产品或服务进行挑选或提出新的要求，因此企业能根据顾客的选择和要求及时进行生产并提供令顾客满意的服务，而这一切都是通过互联网跨时空进行的；另一方面，对于顾客的需求企业了解得也非常及时，并根据顾客要求及时组织生产和销售，提高企业的生产效益和营销效率。如美国 PC 销售公司戴尔公司，在 1995 年还是亏损的，但在 1996 年，它们开始在互联网上销售电脑，从而业绩增长为 100%。由于顾客通过互联网，可以在公司主页上自由的进行选择和组合电脑，公司的生产部门迅速根据顾客设计要求组织生产，并通过邮政公司寄送，这样公司就实现了零库存，特别是在电脑部件价格下降的年代，零库存不但能最大限度地降低库存成本，还能避免因高价进货带来的损失。随着互联网营销和销售系统的不断完善，戴尔公司不断强大，2019 年 10 月，戴尔位列 Interbrand 发布的全球品牌百强榜排名第 63 位。

三、网络软营销理论

网络软营销理论，实际上是针对工业经济时代的大规模生产为主要特征的“强势营销”而提出的新理论，它强调企业在进行市场营销活动时，必须尊重消费者的感受和体验，让消费者乐意地主动接受企业的营销活动。

（一）网络营销和传统的强势营销的区别

1. 传统的营销方式

在传统的营销活动中最能体现强势营销活动特征的是两种常见的促销

手段：传统广告和人员推销。对于传统广告，人们常常会用“不断轰炸”这个词来形容，它试图以一种信息灌输的方式在消费者的心目中留下深刻印象，至于消费者是否愿意接受、需不需要这类信息则从不考虑，这就是一种强势。人员推销也是如此，它根本就不考虑被推销对象是否需要，也不征得用户的同意，只是根据推销人员自己的判断，强行展开推销活动。

2．网络营销的方式

在互联网上，由于信息交流是平等、自由、开放和交互的，网络营销强调的是相互尊重和沟通，用户都比较注重个人的体验和隐私。若有企业在互联网上采用传统的强势营销方式展开营销活动，则一定会适得其反。例如，在美国有一家著名的网上营销公司，曾经在网上对其用户强行发送E-mail 广告，结果招致用户的一致反对，众多用户约定同时给该公司服务器发送 E-mail 进行报复，结果使得该公司的 E-mail 邮件服务器一度处于瘫痪状态，最后该公司不得不进行道歉以平息众怒。因此，在网络中这种以企业为主动方的强势营销，无论是有直接商业目的的推销行为，还是没有直接商业目的的主动服务，都会遭到唾弃并可能遭到报复。

3．网络营销与传统营销的根本区别

概括地说，软营销与强势营销的根本区别在于：软营销的主动方是消费者，而强势营销的主动方是企业。消费者在心理上要求自己成为主动方，而网络的互动特性又使他们变为主动方真正成为可能。作为一个网上的消费者，他们通常不欢迎那些不请自到的广告，但他们也会在某种个性化需求的驱动下，主动到网上去寻找相关的信息或商品广告。这时的企业会静静地等待消费者的寻觅，一旦有消费者找上了某个营销站点，这时的企业就应该活跃起来，努力把顾客留住，让消费者能满意而归。

（二）网络软营销中的两个重要概念

1．网络礼仪

网络礼仪是互联网自诞生以来所逐步形成与不断完善的一套良好、不成文的网络行为规范，如不使用电子公告牌（BBS）张贴私人的电子邮件，不进行喧哗的销售活动，不在网上随意传递带有欺骗性质的邮件，等等。网络礼仪是网上一切行为都必须遵守的准则，网络营销也不能例外，网络营销的经营者需要牢固树立起网络礼仪的意识。例如在网上，广告不能随意闯入人们的生活，其实要做到这一点也并不难，商品的广告可做成一个个如邮票大小的图标（俗称旗帜或图标广告），当用户需要时只要点击一下，就能看到它所链接的内容翔实的广告信息，它并不像电视广告那样，不管观众是不是喜欢都直接进入你的生活。因为人们已经厌倦了电视广告式的强制性商品信息的灌输，没有一个上网爱好者希望他的信箱内塞满诸如。

2．网络社区

网络社区是指那些具有相同兴趣和目的、经常相互交流和互利互惠、能给每个成员以安全感和身份意识等特征的互联网上的单位或个人所组成的团体。在网上人们利用 E-mail、网络论坛、新闻组等网络工具，就共同感兴趣的话题展开讨论，形成如计算机网络、程序员、游戏、园艺爱好者、摄影爱好者甚至某球星的球迷等社区。要指出的是网络社区是用户自己创建的而不是网络本身创建的，网络仅提供了创建社区的工具和场所。网络服务商还会对他们服务范围内的社区进行维护，由专职工作人员、志愿人员和社区内畅言无忌的批评者组织讨论，安排文章发布，阻止不合乎网络礼仪的商业性广告的发送。

四、数据库营销

数据库营销，就是利用企业经营过程中收集、形成的各种顾客资料，经分析整理后作为制定营销策略的依据，并作为保持现有顾客资源的重要手段。数据库营销在企业营销战略中的基本作用表现在以下几方面。

第一，评估顾客价值。将高价值顾客和一般顾客区分开来，对不同的顾客采取不同的营销策略。

第二，对顾客的价值要有所了解。通过分析数据库的资料，计算出顾客生命周期和顾客的价值周期。

第三，进行市场调查和预测。市场调查可以借助数据库中丰富的资料，通过对顾客资料的分析可能找到潜在的目标市场。

第四，对顾客的需要了解了更加充分。

第五，对顾客需求行为进行分析。通过分析顾客的历史资料不仅可以预测需求趋势，还可以了解到需求倾向的改变。

第六，将更好的服务提供给顾客。顾客数据库中的资料是个性化营销和顾客关系管理的重要基础。

与传统的数据库营销相比，网络数据库营销的价值的独特性主要表现在这三个方面：顾客是主动加入的、数据库处于不断的动态更新之中、可以很好地改善企业与顾客之间的关系。

（一）顾客主动加入

若仅仅依靠现有顾客资料的数据库是远远不够的，在对现有资料不断更新、维护之外，更需要不断挖掘潜在顾客的资料，这项工作也是数据库营销策略的重要内容。在没有互联网的情况下，寻找潜在的顾客需要很大的代价，并且比较困难。比如开展有奖销售或者免费使用等机会要求顾客填写某种包含有用信息的表格，不仅需要投入大量人力和资金，更困难的是受地理区域的限制，从而覆盖的面积就非常的有限。

在网络营销中就解决了这一难题，顾客数据的增加变得十分的方便，更好的是一般都是顾客自愿加入网站的数据库。最新的调查表明，为了获得有价值的信息或个性化服务，愿意提供自己的部分个人信息的顾客超过了 50%，这对于网络营销人员来说，无疑是非常有利的。请求顾客加入数据库的通常的做法是在网站设置一些表格，在要求顾客注册为会员时填写。但是，网上的信息很丰富，对顾客资源的争夺也很激烈，顾客的要求是很挑剔的，并非什么样的表单都能引起顾客的注意和兴趣，顾客希望得到真正的价值，但肯定不希望对个人利益造成损害。为此，制作表格时需要从顾客的实际利益出发，合理地利用顾客的主动性来丰富和扩大顾客数据库。在某种意义上，邮件列表可以认为是一种简单的数据库营销，数据库营销同样要遵循自愿加入、自由退出的原则。

（二）动态更新

在传统的数据库营销中，获取新的顾客资料和对顾客反应的跟踪都需要很长的时间，而且反馈率往往非常低，收集到的反馈信息还需要人工录入，这样更新数据库效率自然很低，更新周期也必然很长，因此也就导致了过期、无效数据记录比例较高，数据库维护成本也会很高。网络数据库营销具有数据量大、易于修改、能实现动态数据更新、便于远程维护等多种优点，顾客资料的更显都是自动进行的。网络数据库的动态更新功能，一方面节约了大量的时间和资金，另一方面也十分精确地实现了营销定位，从而营销效果也得到了改善。

（三）改善顾客关系

一个企业能否留住顾客的关键在于顾客服务，在电子商务领域，能否取得成功的最重要因素同样是顾客服务。网络营销取得成功的重要保证是要拥有一个优秀的顾客数据库。在互联网上，顾客希望得到更多个性化的服务，比如，顾客要求的信息接收方式和接收时间，顾客的兴趣爱好、购物习惯等都是网络数据库的重要内容，网络数据库营销的基本职能是根据顾客个性需求提有供针对性的服务。可见改善顾客关系最有效的工具是网络数据库。

网络数据库在网络营销中占据重要地位，由于网络数据库种种独特功能而在，网络数据库营销不应该是孤立的，应当从网站规划阶段就开始考虑，将他列为网络营销的重要内容。另外，数据库营销与个性化营销、一对一营销的关系也很密切，顾客服务和顾客关系管理的重要基础是顾客数据库资料。[①]

第三节 网络营销环境

一、网络营销环境要素

网络营销环境是指对企业的生存和发展产生影响的各种内外部条件，站在企业网络营销应用的角度，可将网络营销环境分为内部环境和外部环境，即与企业网络营销活动有关联因素的部分集合。要进行网络营销环境的分析，首先必须掌握构成网络营销环境的五要素。

（一）多因素互相作用

整体环境是由互相联系的多种因素有机组合而成的，涉及企业活动的各因素在互联网上通过网址来实现。

（二）全面影响力

环境要与体系内的所有参与者发生作用，而非个体之间的互相作用。每一个上网者都是互联网的一分子，他可以无限制地接触互联网的全部，同时在这一过程中要受到互联网的影响。

（三）提供资源

信息是市场营销过程的关键资源，是互联网的血液，通过互联网可以为企业提供各种信息，指导企业的网络营销活动。

（四）反应机制

环境可以对其主体产生影响，同时，主体的行为也会改造环境。企业可以将自己企业的信息通过公司网站存储在互联网上；也可以通过互联网上的信息，自己决策。

① 孔伟成，陈水芬，罗辉道．网络营销的理论与实践．北京：电子工业出版社．2009．37~38．

（五）动态变化

整体环境在不断变化中发挥其作用和影响，不断更新和变化正是互联网的优势所在。

因此，互联网已经不只是传统意义上的电子商务工具，而是独立成为新的市场营销环境。而且它以其范围广、可视性强、公平性好、交互性强、能动性强、灵敏度高、易运作等优势给企业市场营销创造了新的发展机遇与挑战。

二、网络营销外部环境

网络营销外部环境是指对企业网络营销活动没有直接作用而又经常对企业网络营销决策产生潜在影响的一般因素，是企业进行网络营销活动的大的社会背景，包括经济环境、科技与教育水平、法律和政策环境、人文与社会环境及自然环境等。

（一）经济环境

经济环境是内部分类最多、具体因素最多，并对市场具有广泛和直接影响的环境内容。经济环境不仅包括经济体制、经济增长、经济周期与发展阶段及经济政策体系等大方面的内容，同时也包括收入水平、市场价格、利率、汇率、税收等经济参数和政府调节取向等内容。

1. 电子支付环境

互联网还给营销带来了全新的资金流转环境，就是电子支付。所谓电子支付是指网上交易的当事人，包括消费者、厂商和金融机构，使用安全电子支付手段通过互联网进行货币支付或资金流转。据CNNIC发布的《中国互联网络热点调查报告》显示：80%以上的消费者在网上购物时通过网上支付的方式进行付款。对于众多的网上商家而言，网上支付也是个好选择，因为其他传统的支付方式如银行汇款、邮政汇款等，都需要购买者去银行或邮局办理烦琐的汇款业务；而如果采用货到付款的方式，又给商家带来了一定风险和昂贵的物流成本。随着支付宝和微信支付在我国的普及，电子支付已经成为主要的支付方式，并对人们的生活产生了深刻的影响。中国人民银行发布的《中国普惠金融指标分析报告（2019年）》显示，全国使用电子支付的成年人比例为85.37%，比上年高2.98个百分点；农村地区使用电子支付的成年人比例为76.21%，比上年高4.06个百分点

2．第三方认证环境

数字证书机制已在国内网上银行领域普及，主要是通过数字证书来完成交易实体的身份鉴别，是以PKI技术为基础的信息安全机制。数字证书是由认证机构（CA）发放和管理的。认证机构CA是PIG技术的核心执行机构，是一种权威的、可信赖的、公正的第三方机构。认证机构利用注册审核体系将用户的身份与证书信息绑定。参加交易的各方通过验证数字证书的签名及其他证书信息来确定对方的身份，并对传递的信息进行加密和签名。如果认证机构不安全或发放的数字证书不具有权威性、公正性和可信赖性，网上交易的安全就得不到根本保证。而认证机构的权威公正性的一个重要条件就是第三方性，即认证机构应该独立于交易中的任何一方。在互联网这种开放的、不设防的、复杂的信息交互环境中，第三方认证机构为信息交互双方承担了网上信息安全的部分责任，对交易双方起到规避风险的作用。例如，在出现网银交易纠纷时，第三方认证机构可以为当事人双方提供相应的具有法律效力的证明，其中包括：签发此张客户证书的CA证书；在交易发生时，该客户证书在或不在CA的证书废止列表内的证明；对证书、数字签名、时间戳的真实性、有效性进行的技术确认等。目前，国内许多网上银行都已经在采用第三方安全认证机构发放的数字证书。可以说，统一的、第三方的安全认证机构对网上银行、电子商务、电子政务的发展都会起到积极的推动作用。

（二）科技与教育水平

科学技术对经济社会发展的作用日益显著，科学技术是第一生产力，

是影响人类前途和命运的强大力量。技术的进步对市场营销的影响更是直接而显著。科技进步不仅改变生产力和生产方式，推动产品开发，影响生产要素的功能和利用率，同时也影响中间消费和最终消费。网络营销是以网络信息技术为基础的营销活动，它的发展必须以网络环境的完善及网络技术的发展为前提。互联网的普及和有关各项新技术对行业与企业的经营所产生的影响，要求网络营销人员密切注意技术环境的新变动，有必要熟知其所提供的服务，了解互联网的优越性和局限性，使其能更好地为网络营销服务。

1．WWW 服务

WWW 服务又称为万维网服务或 Web 服务，是目前 Internet 上最流行和最受欢迎的信息服务项目。它把分布于全球 Internet 上各种类型的信息有机地联系起来，通过浏览器软件提供一种友好的统一的信息浏览界面。

2．电子邮件（E-mail）

电子邮件是用户或用户组之间通过计算机网络进行联系的快捷、简便、高效、廉价的现代化通信手段。发送方可以通过 Internet 将电子邮件在短短几秒钟时间内发送到世界各地接收方的服务器上，可以传送文字、图像、声音、视频等多媒体信息，是人们使用 Internet 进行信息传递的主要途径。

3．文件传输（FTP）

文件传输是指用户通过访问服务器实现文件的异地读取，不受地理位置、连接方式及操作系统的约束。

4．电子公告栏（BBS）

BBS 类似于现实生活中的公告栏，允许每个人阅读其中的内容，其他网友发布的信息，也可发表自己的见解和主张。

5．远程登录（Telnet）

远程登录是指用户连接到远程另一台计算机上，能在本机上操作和使用远程计算机，获取所需的信息资源。

（三）法律和政策环境

从国际上看，1996年6月14日，联合国国际贸易法委员会第29届年会通过了《电子商务示范法》。该法允许贸易双方通过电子手段传递信息、签订买卖合同和进行货物所有权的转让。分为总则和分则两个部分，总则的内容集中围绕数据电文的法律效力展开，就数据电文的概念、法律效力、发送与接收及其归属等问题做了基本规定。欧盟从1997年起颁布的一系列重要法律文件都是为了保障和促进联盟内部电子商务的发展。欧洲议会于1997年提出《关于电子商务的欧洲建议》，1998年又发表了《欧盟电子签字法律框架指南》和《欧盟关于处理个人数据及其自由流动中保护个人的权利的规则》（或称《欧盟隐私保护规则》），1999年12月13日通过了《电子签名指令》，2000年5月4日又通过了《电子商务指令》。这些法律文件协调与规范了电子商务立法的基本内容，构成了欧盟国家电子商务立法的核心和基础。美国早在20世纪90年代中期就开始了有关电子商务的立法准备工作，1997年美国正式颁布《全球电子商务框架》，1999年通过了《统一电子交易法》，2000年6月通过了《电子签名法》。在亚太国家中，新加坡的电子商务发展速度较快。新加坡95%的贸易已通过EDI实现，是世界上第一个在国际贸易中实现EDI全面管理的国家。1998年，新加坡颁布了《1998电子交易法令》（又叫《新加坡电子商务法》或《电子交易法》），该法案原则性地描述抽象的电子签名、电子记录、电子合同的法律效力。

从国内看，香港2000年颁布了《电子交易条例》；台湾2001年制定了《电子签章法》；《中华人民共和国电子签名法》在2005年4月1日起正式实行。赋予电子签名与手写签名或盖章具有同等的法律效力，消费者可用手写签名、公章的“电子版”、秘密代号、密码或人们的指纹、声音、视网膜结构等安全地在网上付钱、交易及转账。为贯彻落实党的“十六大”提出的信息化发展战略和十六届三中全会关于加快发展电子商务的要求，《国务院办公厅关于加快电子商务发展的若干意见》（2005 年 1 月 8 日）不仅阐明了发展电子商务对我国国民经济和社会发展的重要作用，而且提出了一系列促进电子商务发展的具体措施：要推动电子商务法律法规建设；认真贯彻实施《电子签名法》；抓紧研究电子交易、信用管理、安全认证、在线支付、税收、市场准入、隐私权保护、信息资源管理等方面的法律法规问题，尽快提出制定相关法律法规的意见；推动网络仲裁、网络公证等法律服务与保障体系建设；打击电子商务领域的非法经营及危害国家安全、损害人民群众切身利益的违法犯罪活动，保障电子商务的正常秩序；尽快制定在线支付业务规范和技术标准，研究风险防范措施；积极研究第三方支付服务的相关法规，引导商业银行、中国银联等机构建设安全、快捷、方便的在线支付平台，大力推广使用银行卡、网上银行等在线支付工具；进一步完善在线资金清算体系，推动在线支付业务规范化、标准化并与国际接轨。2018 年 8 月 31 日，十三届全国人大常委会第五次会议表决通过《电子商务法》，自 2019 年 1 月 1 日起施行，我国的电子商务和线上交易活动更加规范。

（四）人文与社会环境

企业存在于一定的社会环境中，同时企业又是社会成员所组成的一个小的社会团体，不可避免地受到社会环境的影响和制约。人文与社会环境的内容很丰富，在不同的国家、地区、民族之间差别非常明显。在营销竞争手段向非价值、使用价值转变的今天，营销企业必须重视对人文与社会环境的研究。

（五）自然环境

自然环境是指能够影响社会生产过程的自然因素，包括自然资源、企业所处地理位置、生态环境等。在科技进步、社会生产力提高的过程中，自然环境对经济和市场的影响总体上趋于下降，但自然环境制约经济和市场状况的内容、形式则不断变化。自然环境最重要的内容是国家、地区自然资源的多寡和优劣，自然资源的可再生性与不可再生性在市场上会充分反映出来。自然环境也包括地形、地貌和气候，它同样也会影响生产、消费。此外，由于人类活动已经在很大程度上破坏了良好的自然环境，所以在保护、恢复自然和生态环境时，既会产生市场机会，也会带来环境制约。我国幅员辽阔，物产丰富，地区间的自然环境差异比较大。网络营销和电子商务的出现，在很大程度上改变了供应链下游，即顾客的消费模式发生了改变，只要能够连接上互联网络就可以“寻购天下物”，减少了对自然环境的依赖，同时也减少了生产厂家和商家不必要的中转成本。[①]

三、网络营销内部环境

网络营销内部环境由企业及其周围的活动者组成，直接影响着企业为客户服务的能力，它包括企业内部环境、供应者、营销中介、客户或用户、竞争者等因素。广义的内部环境因素包括产品特性、财务状况、企业决策者对待网络营销的态度、网络营销专业人员的状况等。狭义的网络营销内部环境因素主要包括企业网站的专业水平、对网站推广的方法和力度、企业内部网络营销资源的拥有和利用状况等。

网络营销内部环境因素的主要目的是为建立有效的营销策略提供指导，包括制定网络营销计划、建立网络营销导向的企业网站、利用各种网络营销手段有效地开展网络营销活动等。网络营销内部环境建设的核心思想是创造网络营销的内部资源，即实现网络营销各项职能的技术环境。只有营造了基本的内部环境，才能为有效开展网络营销提供保障。

（一）供应者

供应者是指向企业及其竞争者提供生产经营所需原料、部件、能源、

① 范军环，宋沛军，柳西波．网络营销理论与实务[M]．北京：北京大学出版社，2010：13-15.

资金等生产资源的公司或个人。企业与供应者之间既有合作又有竞争，这种关系既受宏观环境影响，又制约着企业的营销活动，企业一定要处理好与供应者之间的关系。供应者对企业的营销业务有实质性的影响。

（二）竞争者

竞争是商品经济活动的必然规律。在开展网上营销的过程中，不可避免地要遇到业务与自己相同或相近的竞争对手。研究竞争对手，取长补短，是克敌制胜的好方法。

（三）客户或用户

客户或用户是企业产品销售的市场，是企业直接或最终的营销对象。网络技术的发展极大地消除了企业与客户之间的地理位置的限制，创造了一个让双方更容易接近和交流信息的机制。互联网络真正实现了经济全球化、市场一体化。它不仅给企业提供了广阔的市场营销空间，同时也增强了消费者选择商品的广泛性和可比性。客户可以通过网络，得到更多的需求信息，使其购买行为更加理性化。虽然在营销活动中，企业不能控制客户与用户的购买行为，但它可以通过有效的营销活动，给客户留下良好的印象，处理好与客户和用户的关系，促进产品的销售。

（四）营销中介

营销中介是协调企业促销和分销其产品给最终购买者的公司或个人。主要包括商人中间商，即销售商品的企业如批发商和零售商；代理中间商（经纪人）；服务商，如运输公司、仓库、金融机构等；市场营销机构，如产品代理商、市场营销咨询企业等。网络技术的运用给传统的经济体系带来巨大的冲击，流通领域的经济行为产生了分化和重构。消费者可以通过网上购物和在线销售自由地选购自己需要的商品，生产者、批发商、零售商和网上销售商都可以建立自己的网站并营销商品，所以一部分商品不再按原来的产业和行业分工进行，也不再遵循传统的商品购进、储存、运销业务的流程运转。网上销售，一方面使企业间、行业间的分工模糊化，形成“产销合一”“批零合一”的销售模式；另一方面，随着“凭订单采购”“零库存运营”“直接委托送货”等新业务方式的出现，服务与网络销售的各种中介机构也应运而生。一般情况下，除了拥有完整分销体系的少数大公司外，营销企业与营销中介组织还是有密切合作与联系的。因为若中介服务能力强，业务分布广泛合理，营销企业对微观环境的适用性和利用能力就强。

（五）企业内部环境

企业内部环境包括企业内部各部门的关系及协调合作。企业内部环境包括市场营销部门之外的某些部门，如企业最高管理层、财务、研究与开发、采购、生产、销售等部门。这些部门与市场营销部门密切配合、协调，构成了企业市场营销的完整过程。市场营销部门根据企业的最高决策层规定的企业的任务、目标、战略和政策，做出各项营销决策，并在得到上级领导的批准后执行。研究与开发、采购、生产、销售、财物等部门相互联系，为生产提供充足的原材料和能源供应，并对企业建立考核和激励机制，协调营销部门与其他各部门的关系，以保证企业营销活动的顺利开展。

第三章 网络营销的工具和方法

第一节 网络营销的工具

一、网络营销技术基础内容

（一）计算机网络

计算机网络就是利用通信线路把分布在不同地理区域的多个具有独立功能的计算机系统与专门的外部设备互相连接起来，通过功能完善的网络软件，按照网络协议进行数据通信，实现资源共享的一种技术。

（二）互联网

互联网是一种集通信技术、信息技术和计算机技术为一体的网络系统。互联网的特点：全球信息传播、信息容量大、便捷的信息检索、灵活多样的入网方式。

二、网络营销常用工具

（一）企业网站

企业网站是一个综合性网络营销工具，也是开展网络营销的基础，网站建设是网络营销策略的重要组成部分，有效地开展网络营销离不开企业网站功能的支持，网站建设的专业水平同时也直接影响着网络营销的效果。

（二）电子邮件

电子邮件是互联网用户最熟悉的工具，也是互联网上最常用的服务之一，主要功能在于信息收集、传递和交流。电子邮件是最有效、最直接、成本最低的信息传递工具、拥有用户的 E-mail 地址对企业开展网络营销具有至关重要的意义。

（三）即时信息

即时信息是指用于在线实时交流的工作，通常被人们称为在线聊天工具。如：QQ、Windows live messenger 等。及时信息在网络营销中常被用于顾客进行实时的交流，实现信息的及时传递，以及为顾客提供在线的咨询等服务。同时，及时信息的聊天界面也可以用作网络广告的载体，向用户传递相关信息。

（四）博客

博客又称网络日志，它是网上写作的一种 特有的流水记录形式。在网络营销应用中，企业博客是最主要的表现形式。博客可以为企业带来潜在消费者，改善顾客关系，提高企业网站知名度。

微博客是一个基于用户关系的信息分享、传播以及获取平台。微博作为网络营销工具的主要优点在于，它可以充分地运用作者的人际交往影响力，发布的简短信能在短时间内获得大量的主动的关注，对于商业推广、明星效应的传播具有高度的研究价值。

（五）微信

微信营销是网络经济时代企业或个人营销模式的一种。是伴随着微信的火热而兴起的一种网络营销方式。微信不存在距离的限制，用户注册微信后，可与周围同样注册的“朋友”形成一种联系，用户订阅自己所需的信息，商家通过提供用户需要的信息，推广自己的产品，从而实现点对点的营销。

微信营销主要体现在以安卓系统、苹果系统的手机或者平板电脑中的移动客户端进行的区域定位营销，商家通过微信公众平台，结合转介率微信会员管理系统展示商家微官网、微会员、微推送、微支付、微活动，已经形成了一种主流的线上线下微信互动营销方式。

（五）抖音

抖音营销其实和视频营销有异曲同工之处，抖音营销大多都是通过在抖音上面排短视频来实现营销的一种手段，或者说是抖音营销其实和微博营销是一类型的一种营销手段。目前抖音的主题就是主打的音乐短视频APP，所以利用抖音进行营销的时候也就是变相的视频营销。目前抖音应该是音乐短视频APP里最流行的一款。

抖音营销有一个非常好的优势，那么就是产品营销效率是比较高的。这主要是由于其拥有了高流量，而且群体参与度也是非常的高，特别是可以通过抖友们的口碑，使得其有着很好的行为驱动。

抖音还有一个好处，那么就是品牌的认知也是非常的广的，这主要是在进行抖音营销的时候，由于其可以给用户带来更好的体验感，因此，也是受到了许多用户的认可的。

第二节 网络营销的方法

一、搜索引擎营销

（一）概念

在网络营销中，搜索引擎营销是一种常用也是最重要的网络营销方法。所谓搜索引擎营销就是根据用户使用搜索引擎的方式，利用用户检索信息的机会，尽可能地将有用的营销信息传递给目标客户。用户检索所使用的关键词能反映出用户对产品或服务相关问题的关注，这种关注正是搜索引擎被应用于网络营销的根本原因。

（二）搜索引擎营销的目标层次

1. 收录层

收录层的目标是使网站、网页在主要的搜索引擎、分类目录中被收录，这是搜索引擎营销的基础，离开这个层次，搜索引擎营销的其他目标也就不可能实现。这里需要注意的是，被收录的网页不仅仅是指网站的首页。

2．排名层

通常状态下，用户在搜索引擎中输入关键字可以得到大量的目标连接，而用户一般情况下只会访问排名考前的几个网页。因此搜索引擎营销目标的一项重要内容就是让自己的网页在搜索结果中有良好的表现。

3．点击层

点击层指网站访问量。其目的是通过搜索引擎点击率的增加来提高网站的访问量。从搜索引擎的实际情况来看，仅仅做到被搜索引擎收录并且在搜索结果中排名靠前是远远不够的，这样不一定能增加用户的点击率，也不能保证将访问者转化为顾客。

4．转化层

转化层是前面三个目标层次的进一步提升，是各种搜索引擎方法所实现效果的集中体现，但并不是搜索引擎营销的直接效果。从各种搜索引擎策略到产生收益，期间的效果表现为网站访问量的增加。

（三）搜索引擎营销的基本方式

搜索引擎营销是最传统的网站推广手段。目前，多数重要的搜索引擎都已开始收费，只有少数搜索引擎可以免费登录。但网站访问量主要来源于少数几个重要的搜索引擎，即使登录大量低质量的搜索引擎，对提高网络营销的效果也没有太大的意义①。

二、电子邮件营销

（一）概念

企业在推广产品和服务的时候，事先征得顾客的许可并得到潜在顾客的许可之后，通过 E-mail 的方式向顾客发送产品或服务信息。其主要方法是通过邮件列表、电子刊物等形式，在向用户提供有价值信息的同时附带

① 尹瑞林．网络营销理论与实务[M]．北京：人民邮电出版社．2011：71．

一定数量的商业广告。电子邮件营销是在用户事先许可的前提下，通过电子邮件的方式向目标用户传递有价值信息的一种网络营销手段。

（二）电子邮件营销的基本方式

1. 内部 E-mail 营销

内部列表的用户主要为现有客户、注册会员和邮件列表注册用户等，其主要职能在于增进顾客关系、提供顾客服务等。内部列表营销的任务重在邮件列表系统建设、邮件内容建设和用户资源积累。

尽可能引导用户加入，获得尽可能多的 E-mail 地址是 E-mail 营销最重要的方式之一。一份邮件列表真正能够获得用户的认可，靠的是自身独特的价值，为用户提供有价值的内容是根本所在，是邮件列表取得成功的基本条件。

对于已经加入列表的用户来说，E-mail 营销是否对他产生影响时从其接收邮件开始的。用户最关注的是邮件内容是否有价值，所以要对邮件内容进行认真的规划。更重要的是，邮件内容应与企业总体营销策略密切结合，让会员通信发挥其应有的作用。

2. 外部 E-mail 营销

尽管很多网站都希望建立自己的邮件列表，但由于受用户资源、管理等方面的限制，内部列表并不一定完全能够满足开展 E-mail 营销的需要。尤其对于许多中小企业，企业用户资源积累时间比较长，潜在用户数量比较少，不利于迅速扩大宣传。

由于外部列表 E-mail 营销资源大都掌握在各网站或者专业服务商的手里，要利用外部列表资源开展 E-mail 营销，首先要选择合适的服务商。在选择了合适的服务商之后，主要的任务就是内容的设计。与内部列表 E-mail 营销不同，由于利用外部列表开展 E-mail 营销活动通常是临时性或者一次性的。

与一般的邮件列表内容一样，专业服务商投放的 E-mail 广告也需要具备电子邮件的基本要素。E-mail 广告并没有固定的形式，可以使电子刊物中的赞助商、专家或者其他用户的推荐信，也可以使专门的广告内容。在表现形式上，也有多种可选择的方式，只有邮件内容设计合理，用户可以正常接收，都可以作为 E-mail 广告。

三、网络社区营销

（一）什么叫网络社区营销

在现今的网络上，有一种特殊的虚拟社会就是网络社区，该社区能够将具有共同兴趣或目的的访问者吸引起来并集中到一个特殊的虚拟空间，从而使这些成员之间能够互相自由地沟通和交流。网络社区是目前网络用户最常用的服务之一，因为参与的用户众多，所以除了具备交流的功能之外，网络社区实际上已发展成了一种进行网络营销的场所和空间。

（二）网络社区营销的分类研究

1. 服务型社区营销

服务型社区的建立是为了提供给用户专业的技术支持和售后服务。例如西门子在华所设立的售后社区，该社区特意聘用了我国本地的工程师作为技术和专业支持，因此不仅对顾客提出的问题能够给予很好的解答，而且更重要的是还能将这些问题转变成自己的信息源。例如：对于顾客经常提出的问题、具体的解决方法等，进行收集、归类、筛选、精炼之后发布在社区的固定板块，大大方便了新用户的需要，而且还能将这些问题和方法定期地发给未知的在线用户，以扩展自己的用户群。

2. 市场型社区营销

市场型社区的建立主要是为了对 B2C（Business to Customer，商对客）产品的营销，该社区类型尤其适合年轻的消费者群体和企业。因为在一般的消费大众中，年轻人的消费需要更偏向追求文化和生活，而并非某一个产品。就目前为止，进行市场型社区营销的企业，通常把市场推广和文化传播作为其经营的主要项目。

（三）网络社区营销的作用分析

1. 吸引顾客的重复访问

网络社区可以吸引顾客进行重复访问。在社区中，往往会有许多有趣的聊天或讨论，因此客户愿意花时间重复访问并参与其中，与一群志趣相投的人相谈甚欢。在这里，他们不仅可以相互介绍自己的看法、观点，而且还能对一些有争议的问题组织商讨或辩论。

2. 方便顾客与企业之间的相互沟通

网络社区可以使访问者与企业直接进行沟通，增加企业在访问者心中的信任程度。若社区具有服务性质，那么企业可以对顾客的观点进行详细的了解，并收集有利于企业发展的信息，既方便又能从中得到相应的启发。若社区具有商业性质，那么企业便可以通过与客户的交流了解其对服务或产品的意见，通过双方的交流，访问者很可能进行购买而成为真正的客户，经过详细了解的公司或商店，会让人们更加放心而愿意购买其产品。

3. 方便对客户进行在线调查

网络社区对公司进行在线调查非常方便。企业可以热情、主动地邀请访问者或者社区会员参与问卷调查，充分利用社区的互动性特点，这样一来，便会大幅提高参与者的比例。同时，还可以通过收集顾客在社区的留言，进而了解顾客对公司产品和服务的各种意见。

4. 是为顾客服务的工具

网络社区可以成为公司服务顾客的使用工具。通过在社区中在线回答顾客们提出的问题，以达到用户认可的目的。

第三节　网络市场调研

一、网络市场调研概述

（一）市场调研

市场调研是营销链中的重要环节，没有市场调研，就把握不了市场。市场调研对企业来说是必不可少的，它能促使公司生产适销对路的产品，并及时调整营销策略。一般来说，市场调研是指运用某种调查方式，系统地搜集有关市场、商品、顾客行为、销售等方面的数据和资料并加以整理的过程，并根据所获得的资料与数据进行分析和研究，发现和预测合乎市场营销发展股利的方法。

（二）网络市场调研

调研的基础是调查，调查是针对客观环境的数据收集和情报汇总，而调研是在调查的基础上对客观环境收集数据和汇总情报的分析、判断。调研为目标服务，市场调研就是为了实现管理目标而进行的信息收集和数据分析。

二、网络市场调研要求分析

（一）针对性

网络市场调研必须符合网络市场营销决策的需要，能够回答和解决网络市场营销者在决策制度中关于市场环境或营销背景的“盲点”的问题。

（二）计划性

网络市场调研要周密设计，合理组织调研力量，以便圆满地、成本最小地完成调研任务。

（三）科学性

网络市场调研应当采用即符合调研对象特征又能够获得所需数据资料

的调研方式和方法。

（四）解决问题能力

网络市场调研对于网络营销调研结果的要求，与调研活动过程的针对性、计划性、科学性有密切的关系。

因此，为了取得良好的网络市场调研结果，应当努力做好网络市场调研的组织管理工作。

三、网络市场调研特点研究

（一）共享性和及时性

网上调研具有开放性，不管是哪位网民都拥有参与网上投票的权利、网上选择的权利，以及查看结果的权利；同时，网络信息的传输速度又非常快，能够及时、迅速地从一位用户传递到网上的任何其他用户。因此，网络信息同时具备了共享性和及时性。通常，客户只有对一个企业的产品产生兴趣之后，才会主动地访问该企业的网站。所以，对企业在对其做市场调研时，客户一定会经过认真的思考，然后才选择或回复。可见，网络市场调研的结果还是具有相对的真实性和客观性，能够反映消费者的真实要求和市场发展的趋势。

传统的营销调研需要耗费大量的人力，周期也比较长。网络的交互机制使得调研的范围更广、速度更快、周期更短。网络上的信息传输速度快，而且能及时传送给网络用户，保证了网络信息的及时性和共享性，使得市场营销策划人员能及时地根据实际情况制定出相应的营销方案。

（二）便捷性和经济性

网上市场调研可节省传统的市场调研所耗费的大量人力物力。在收集信息的过程中，网上市场调研通常没必要对调查人员进行排除，也不会因为距离或天气的限制而受到影响。同时，还节省了印制调查问卷的纸张费用。最后，对于调查过程中最关键、最繁重的对调研资料和信息的收集、录入，也不用花大量的人力物力，而是可以将其分散到众多网上用户的电脑终端上，使他们在接受调查的过程中帮助完成。

（三）充分性和交互性

网络市场调研针对的是广大的网络用户，因此具有充分性和交互性。它的交互性主要体现在以下两个方面。首先，被调查者可以在接受调查的过程中自由地发表自己的看法，而不用受时间的限制；其次，被调查者可以在网络调查时，对问卷中相关的问题及时地提出自己的建议和看法，避免了因问卷结构的设计不合理从而导致网络调查出现人为性偏差的结论。

（四）客观性和可靠性

通常，人们会访问一个企业站点就是对该企业的产品有一定的兴趣，因此，这种市场调研是在顾客和潜在顾客的基础上进行的，具有相对的真实性和客观性。当然不排除对奖品感兴趣者，但不会对调研结果产生较大的影响，它在一定程度上也是对市场发展的趋向和消费者消费心态的反映。

第一，填写调查问卷是在客户自愿的情况下参与的，具有很强的针对性；第二，用户接受调查的方式是非“强迫式”的，被调查者往往都对问卷的内容有一定的兴趣或初步了解，都会认真地回答问题；第三，在传统的市场调研中，往往由于人为因素造成调查结论的偏差，而网络市场调研则能够避免这种情况，被调查者面对调查问卷时可以进行完全独立的思考，这就尽可能地保证了所调查的结果是真实客观的。

（五）不受地域和时空的制约

网上调研可以跨越时间和空间的界限，以达到广泛调研的目的。在时间上，由于互联网一天 24 小时全天候运作的特点，调研人员可在任何时候上网收集信息：在空间上，互联网是一个全球性的沟通平台，调研人员可在电脑屏幕前进行异地信息收集而无须再实地面对面的访谈。跨越时空的特点使网上调研能获得更多的信息。

（六）可控制性和可检验性

由于网上调研是利用 Internet 进行的，因此可以在进行信息采集时，有效地对网络实施的系统进行严格的检验和控制。

在调查问卷上，企业可以附加规范而全面的指标解释，避免被调查者对指标的理解不清楚或事后解释口径不一而导致的调查偏差。企业可以在进行调查之前先对被调查者的身份进行技术验证，这样可以有效地避免一人答几份或不负责任的舞弊行为。在对调查结果进行复核检验时，可以在计算机上设定具体的检验条件或控制措施，使其自动进行，这样就保证了检验与控制的客观公正性。

（七）使用范围有限

网上调研中被访者必须是网络使用者，而不是普通大众。网上调研只能为肉网络使用者这一群体来开展，而很少涉及其他的群体。

（八）无法了解被访者特征及其配合程度

在传统的抽烟调查中，样本特征的把握是确保信息有效的重要前提。然而，由于网上调研无序面对面针对性接触，因此调研人员无法掌握被访者的特征。另外，被访者的填写态度也无法把握，并且，网上问卷没有数量限制，所以网上调研很可能出现“一人回答几份问卷”的现象。

（九）被调查者的主动性和隐匿性

网络调研中，如果被调查者对调查主题感兴趣，或迫切想了解调查的结果，他会主动、认真地给予回答和配合；如果被调查者对调查主题不感兴趣则反之。由于网络上用户身份的虚拟性使得网络调研的隐匿性比较传统调研要高，被访者在填答调查问卷时心理防御机制会有所降低，从而提高了填答内容的真实性和客观性。

四、网络市场调研的内容分析

（一）调研的目的分析

1．对访问企业站点的用户进行识别

市场调研的主要目的之一就是对访问企业站点的用户进行识别，并了解他们的特征。如果一个人访问了企业的网上商店，企业有必要及时了解这个人的大致年龄、兴趣爱好、收入状况、性别等。因为这些信息对企业而言是至关重要的，一旦掌握了这些基本信息，企业便了解了本企业产品能够吸引的目标客户群体是什么范围，其整体结构是怎样的，对于企业有效地、针对性地开展网络营销活动有很大的帮助。

2．对客户的购买过程进行全程跟踪

企业可以充分利用起网络集成技术和网络服务器的作用，以便详细记录尽可能多的客户信息。对客户的偏好有了基本的了解之后，利用网络服务器对这些数据进行存储，然后据此向用户推荐满足个人兴趣、符合个人要求的产品，并随之提供与该产品相配套的其他商品。这种全程跟踪调查的形式，可以深入了解客户，使企业更好地为客户提供满意的商品和服务，也是企业提升自身竞争力的有效方式之一。

3．对员工和客户的满意度进行调查

要想知道一个企业的服务和产品在客户心中占有什么样的位置，可以用客户的忠诚度和满意度来衡量。这两个指标对企业的发展、企业利润的获得等都将产生直接的影响，因此，企业有必要对这两个指标进行有效的评估、调查和管理。做好这两个指标，将非常有益于企业的日常经营运转和长期的网络策略的制定。

网络为企业向员工和客户进行满意度调查提供了快捷、方便的渠道，同时，网络的互动性，使得许多问题在调查的同时就能够得到解决，大大提升了企业在员工和客户心目中的形象，并增强企业员工的凝聚力。

4．对网站的价值进行评价

作为一种新的传播媒介，网站如何被有效地利用来进行产品促销与市场营销，一直是市场研究领域研究的重点问题。在广告界，网络广告主投放广告时也会考虑网站的价值，所以评估网站的价值是非常有必要的。进行网站价值评估，还可以对本企业的网站进行优化，提高客户对网站的满意度。

5．对新开发的产品进行测试

由于时代的不断发展，对创新的要求越来越高，用户的需要和消费观念瞬息万变、永无止境，导致了企业与企业之间的竞争环境十分严峻。因此，企业必须不断地开发新产品、推出新概念以及新的服务方式，以此满足用户的需求。为保险起见，在新产品推出、面向市场之前，企业可以通过网络市场调研对客户的需求进行了解，同时也是对新产品起到宣传的作用，再分析了新产品的优缺点和能占据的市场份额之后，才能最大限度地降低损失或获取利润。

（二）调研的对象

1．企业的竞争对手

竞争对手往往会将一些面向公众的所有信息发布在自己的网站上，企业可以主动进入其主页了解这些信息，也可以通过网上的媒体取得竞争者的信息。对这些信息进行分析之后，企业便可以准确给自己理性的定位、把握自身产品或战略的优势和劣势，并适当地调整营销策略。

2．行业内的中立者和企业的合作者

行业内的中立者和企业的合作者，可能会给企业提供一些极有价值的行业信息或产品评估分析报告。虽然说在整个市场调研过程中，企业应该兼顾竞争者、合作者和中立者，但是也必须有所侧重。尤其是在市场竞争如此激烈的今天，要格外重视对竞争者的调研，随时掌握其一举一动。

3．潜在客户

在广大网民中，那些主动访问企业站点的人就是企业的潜在客户。企业可以通过向他们介绍企业产品的功能、价格、售后服务等方面的信息，吸引他们在该网站进行消费。同时，网络调研人员还可以对这些消费者进行跟踪调查，了解他们对本企业产品的建议和意见。

（三）调研的内容

1．市场需求研究

消费需求量调查，消费需求量直接决定市场规模的大小；消费结构调查，消费结构是指消费者将货币收入用于不同商品的比例，它决定了消费者的消费取向。

2．市场供给分析

市场供给分析主要包括生产状况分析、进出口分析、价格结构分析和竞争态势评估等项目。

3．营销因素研究

营销因素研究包括四个方面：①产品调查；②价格调查，价格对产品的销售量和企业盈利的大小都有着重要的影响；③分销渠道研究，商品从生产领域进入消费领域所经过的通道；④促销策略研究。

4．对顾客的网络市场调研

随着市场营销模式的转变，人们正在逐渐走出传统价值链系统的思想误区，市场正在由以供应者为中心的卖方市场向以消费者为中心的买方市场过度。特别是在电子商务提倡个性化服务的环境下，针对顾客进行的市场调查已经受到越来越多企业的重视，成为企业网上调查的重点内容。

采用网上直接调研法通过互联网了解消费者的偏好。在互联网，调查人员可以向各个私人网站或公众站点发出询问请求，不定时地查看企业的电子邮件信箱，及时收集来自各个方面的反馈信息。

5．对产品及竞争对手的网络市场调研

对于产品的市场调查一直以来都为企业所重视，产品的质量关系到用户的购买和满意度，并对企业的知名度和信誉度产生直接的影响。传统的市场调查大多局限于对同类产品的信息搜集，以及对顾客使用后的满意度调查。随着营销观念的转变，顾客也可参与到产品的设计、生产过程中来，而不仅仅是被动地接受。

商场如战场。在激烈的市场竞争中，任何企业只有充分地掌握竞争对手的各种信息，才能做到知己知彼，百战不殆。市场追随者要收集的主要是行业领导者和具有成长性补充者的信息；市场挑战者主要手机的是行业领导者的信息；利用互联网往往是收集被市场领导者和挑战者所忽视的或者不重视的信息，从中寻找市场机会。

在互联网上收集竞争者信息的途径：①访问竞争者的网站；②收集竞争者网上发布的各种信息；③收集其他网上媒体摘取的竞争者的信息；④有关的新闻组和 BBS 中获取竞争者的信息；⑤利用百度、搜狐等搜索引擎，通过设定与自己产品或服务相关的关键词来寻找与竞争对手相关的各种信息。

6．对市场客观环境的网络市场调研

企业在进行市场调查时除了搜集产品、竞争者和消费者这些紧密关联的信息外，还必须了解当地的政治、法律、人文等环境信息，其中要特别注重对导向性政策信息的手机研究和利用，这有利于企业从全局高度综合考虑市场变化，寻求市场商机。

环境因素指消费者外部世界所有物质的社会要素的总和，包括有形的物体、空间关系、其他人的社会行为等。在网络环境中，原有的信息获取方式将发生重大变化，分散在不同地理位置的不同信息资源以数字化的方式存储，人们通过网络互联在任何一个终端都能获取所需要的信息。

（四）实施调研

1. 提出问题，明确调查目的

提出问题是市场调查的首要工作。调查中，对调查目标的确定需要先清楚以下几个问题：为什么要调查；调查中需要了解的内容；调查结果的用途；谁想知道调查结果。

2. 非正式调查

非正式调查也称为预调查或试验性调查。在调查目的基本确立之后，调查人员可以通过与消费者、生产商等进行非正式访谈，以增加调查人员对市场的了解，并对调查目标进行修正。

3. 制订调查计划

（1）资料来源。

市场调研首先需确定是收集一手资料还是二手资料，或者二者都要。

（2）调研方法。

根据调查的目的确定调查群体、样本性质、大小及分配。网络市场调研可以采用问卷调研法、专题讨论法和实验法。实验法是选择多个可比的主题作为不同的实验方案，通过控制外部变量，检查所观察到的差异是否具有统计上的显著性。

（3）样本的选择与控制。

根据调查的目的确定调查群体、样本性质、大小及分配，调查者首先需要具备被调查群体的总体的 E-mail 或 IP 地址，然后再进行随机抽样。

（4）预试。

大规模调查前确定先进小规模调查，以找出调查问卷的缺点。

4. 编制调查计划表

在调查计划确定之后，应当编制调查计划表，在调查计划表之下，可以指定调查时间表、调查费用表等分表。

5．调查数据的汇总、整理和分析

将调查结果中不正确、不真实的部分去掉，然后统一数量单位，并进行适当的分类，利用统计分析工具进行统计分析，解释统计结果的含义，并提出相应的政策建议。

6．最终市场调研报告

在整个调研活动的结尾，往往会有一个填写调研报告的阶段。该报告并不是由资料和数据组成的简单叠加，调研人员不是仅仅上交一份包含大量数字、资料和复杂统计技术的书面报告，而应把与营销的关键决策有关的主要调研结果写出来，并以调研报告正规格式书写。

五、网络市场调研的策略

（一）识别网站访问者

传统市场调研中，调查者对被调查对象的分布情况往往都有一定的预期和控制。网络市场调研则不同，它没有空间和地域的限制，一切都是不确定的，调研人员无法准确预期谁是网站的访问者，也无法确定调研对象的具体情况，即使是那些在网上购买企业产品的消费者，要想确定其身份、职业等信息也是很难的。因此，网络市场调研的关键之一就是如何识别访问者，并获取访问者的信息。

在客户与厂商之间，网络能起到桥梁和连接的作用，而来客登记簿、电子邮件等则是不可或缺的通信工具。这两种方式是互联网上企业与顾客交流的重要工具与手段。来客登记簿是一种简单的表单，让访问者进行简单的填写之后并发回给企业。邮件信息则可以附带 HTML 表单，表单界面上显示不同的主题，以便访问者进行点击，在随后的步骤中设置一些必填项：收件人姓名、性别、电子邮件地址等。如果公司愿意，通过电子邮件和来客登记簿，访问者可以读到并了解企业的情况，同时，市场营销调研人员也可获得相关的市场信息。

（二）提供物质奖励

互联网上有些站点，愿意为访问者提供购买某些商品的折扣或直接给予一定的奖金，但前提是需要访问者填写一份简单的调查问卷，包括个人的生活习惯、兴趣爱好、工作假期等内容。于是，企业就可以获得相对真实的用户的姓名、性别、住址、联系电话、电子邮件地址等信息。此外，如果访问者按要求对调查问卷进行了回复，企业可以设立公告，将这些访问者展示出来，以示收到，对这些被公告的访问者，公司可以设立抽奖环节邀其参与。

（三）在网络上建立情感纽带

在企业站点上不仅展示产品的图片、文字等，而且要有针对性地提供公众感兴趣的内容。以大量有价值的信息、免费软件等吸引大量的访问者，让访问者在不知不觉中将自己的真实情况详细告知。这样，调研人员可以逐步在网上与其建立友谊和加深感情，从而达到网上市场调研的目的。

（四）公布保护个人信息的声明

在电子商务活动中，为了研究用户的上网、购买习惯或者提供个性化的服务，企业往往要求用户注册，填写姓名、电话、电子邮件等联系信息，甚至还会要求用户提供个人兴趣、性别、职业等详细内容。但是无论在哪个国家，消费者对个人信息都有不同程度的自我保护意识，所以调研人员要想获得这些信息，一定要让用户了解调研目的，并确信个人信息不会被公开或者用于其他任何用途。

（五）与访问量大的网站合作

为了吸引更多的人访问企业站点，可以采取与其他网站合作的方式，以吸引更多的访问者。除了现在流行的友情链接这一最简单的合作方式外，还有其他一些方式。例如，与客户进行联盟，站点联盟中相互链接的宣传效果更好。

第四节　网络市场调研实务

一、网络调研应注意的问题

（一）传统调研与网络调研的结合

就目前而言，利用网络实施大规模的市场调研显然还受到许多条件的限制而难以实现。但是在IT领域、电子商务等领域网上调研活动的实施条件就要成熟得多，效果也比较理想。

在市场调研的过程中，相关人员可以有机地结合传统调研和网络调研的优势，以便顺利开展调研工作。

（二）样本数量与质量

样本数量和质量是目前实施在线调研的最大局限之一，被调查者的代表性和他们回答内容的真实性，也是难以解决的问题。为了尽可能消除同一个被调查者多次填表调研结果带来的代表性偏差，可以考虑采用“IP地址+ID网络用户标志”作为判断被调查者填表次数唯一的检验条件，这项技术称为网上用户身份检验技术。因此，在实施在线调研时，网上问卷的有效性的筛选也是重要的环节之一。

（三）信息要保持一定的准确性

没有人希望自己的个人信息被滥用，因此往往不愿意在网络问卷调查中暴露自己准确的个人信息，有的甚至会由于问卷中涉及过多的个人信息而不愿继续接受调查。然而，问卷调查的首要内容，就是对人口信息进行统计。因此，网站可以提供个人信息保护声明，确保被调查者能够放心地提供自己的信息。

二、网络调研的技巧

（一）识别企业站点的访问者

1．发送电子邮件

在客户与厂商之间，网络能起到桥梁和连接的作用，而来客登记簿、电子邮件等则是不可或缺的通信工具。来客登记簿是一种简单的表单，让访问者进行简单的填写之后并发回给企业。电子邮件则可以附带 HTML 表单，表单界面上显示不同的主题，以便访问者进行点击，在随后的步骤中设置一些必填项：收件人姓名、性别、电子邮件地址等。

2．提供一定金额的奖励

奖励的吸引往往比很多措施都有效，如果企业能够给访问者提供一些特定的奖品，即使金额不高，得到他们的信息也会更容易。这种策略被证明是有效可行的，它能使企业提供调研的工作效率。在有物质奖励的前提下，如果需要访问者填写的可能性要大得多。

3．提供信息和免费软件

企业用大量有价值的信息和免费使用软件来吸引访问者，也会得到有关个人的详细情况。

（二）在企业网站上的市场调研

1．设置计数器

企业可在网站的主页以及网站的各个主题中设置计数器，用来分析和了解消费趋势。利用每个访问者的兴趣不同，统计其分布的主次概况，进而把握消费者和市场对本企业的服务和产品的需求，更加有助于本企业制定市场营销策略、改善经营制度。

2．请求反馈信息

对一个企业而言，顾客的意见有着非常重要的作用。什么样的产品才是顾客所需要的、顾客对本企业的产品和服务有着怎样的感受和评价，这些都是市场调研中不可忽视的重要内容。通过研究这些结果，就能把握市场潮流、确定产品的发展模式。此外，还可以在网络调研的附表中设置让顾客随意书写、自由发挥的版块，征询顾客对同类产品的更多期望。

3．有效测试

可以在网上测试产品的不同价格、名称、广告等营销组合，以此分析出究竟什么因素对产品而言才是影响最重要的，还可分析出对顾客而言，究竟哪些因素才是最有吸引力的。

4．监控在线服务

通过网络上的特殊软件程序，调研者能对访问者进行在线服务的跟踪，进而观察访问者对哪些产品会进行选购，了解他们在哪些产品的网页上耗费较长的时间。经过这些数据的研究，企业便能知道最受顾客欢迎的产品都有哪些。

（三）直接使用电子邮件对目标市场进行调查

在目标市场中，如果调研人员掌握了顾客、潜在顾客等的电子邮件信息，便能直接询问他们对本企业有关服务和产品的问题。营销时，可以在发出的电子邮件中列出一些不用的要了解的问题，请求回答。利用这种方式，营销人员就能迅速、清楚地了解到目标顾客是否对本企业的产品满意、满意程度如何，以及对本企业产品有何期望等。

（四）设计合适的在线问卷

1．问卷的顺序安排

以一定原则安排问题的前后顺序；在问卷的首页上方，应写出问卷的主体和调查的简要介绍；在问卷的最后，应有一段结束语，对填表者表示感谢。

2．做好测试准备工作

在调查问卷被放上网之前，调研人员应该先通过对几个或一些相似调查对象的测试，来决定该问卷的内容是否恰当、排列次序是否合适等。

3. 对象的过滤

许多上网的人可能会凭着性子填写问卷，而这些人并不符合调查对象的目标要求。利用网上的便捷优势，调研者可以设置一些过滤性的问题，对市场人群作及时的分类，以确定访问者都是本问卷的适用人群，从未提高测试的准确度。

4. 问题量和答题时间的设计

网上问卷应比传统问卷短，一般性的调查尽量吧篇幅控制在20道选择题以内，在10分钟内答完为宜[①]。

5. 增强互动效果

企业可以在网页中设置一种小型程序——计数器，以此来记录浏览过该网站或问卷的人数，区分实际填写问卷的人数和单纯访问网址的人数，进而想办法增加互动效果。

（五）利用专业调研网站及相关调研频道

企业应掌握一些专业调研网站信息，并对相关行业的调研频道资源作较详细的了解，以便日后免费查阅各类产品、各个行业中成功的市场调研、市场行情以及市场趋势分析报告等。同时，积极参与这些网站或频道的在线调查，掌握调查结果；以某些问卷的设计思路或调研项目作为参考；免费获得在线调研表设计的支持；了解专业调研机构的市场研究方法和服务项目；帮助寻找市场调研的代理公司等。在互联网上，可以找到各种类型问题的测试网页和结果报告。

三、网络市场调研报告的内容

（一）网络市场调研报告的内容

网络调研报告对已完成的市场调研项目做完整而准确的描述，一般要

① 王颖纯．电子商务营销[M]．北京：电子工业出版社．2008：100．

详细描述以下内容：调研的目标、调研的目的、调研方法、调研结果以及调研的结论及建议[1]。

网络调研报告的结构一般有：第一，基本情况说明（调研目标、调研方法、调研结果）；第二，正文，包括详细的分析调研结果及结论；三，附件，用以辅助说明调研报告的内容、与正文的关系。

（二）网络调研报告的正文

整个网络调研报告的核心内容还是在正文中详细的描述，正文由开头、主体、结尾三部分组成。

1．开头部分

该部分主要是对基本情况进行说明，分为三大内容：对调查目的和依据的说明、调查时间和地点的说明、调研对象和效果的说明。

2．主体部分

主体部分即调研的核心部分，可分为两块：一，详细调研的分析，对调研的每一部分内容进行客观的说明与分析；二，综合调研分析，对调研的结果进行归类，分析由这些调研结果所反映出的是什么信息。

3．结尾部分

结尾起到画龙点睛的作用，应当采用简明扼要的语言，加深人们对调研结果的认识。

四、网络调研报告的撰写技巧及注意事项

（一）网络调研报告的撰写技巧

1．表达技巧

（1）叙述。

在调查报告的开头，可运用叙述的方法，对调查的来龙去脉进行叙述，

[1] 尹瑞林．网络营销理论与实务[M]．北京：人民邮电出版社．2011：62．

表明调查的目的、对象、根据等。对于调查的过程和结果还可按时间顺序进行叙述。

（2）说明。

市场调查报告中常用数字说明、分类说明、对比说明等方法进行表述。

（3）议论。

调研过程中得到的调研信息就是论据。根据对调研信息的分析得出结论的过程就是议论。

（4）语言的运用。

在整个调研报告中，调研的结果很多事用数字表示的。因此，数字在调研报告中运用得较多。同时，陈述句、肯定句等能使报告更具有说服力。

2．表格及图形的表现法

表格作为描述性统计方法，被广泛应用于网络市场调查报告中，它可使报告更为清楚、形象、直观。

网络调研报告中常用的图形有直方图或条形图、饼形图等，这些图标能够清楚、形象地表达所要说明的问题。

（二）网络调研报告撰写中的注意事项

（1）撰写网络调研报告，对使用材料的要求是：符合实际情况、内容丰富、准确度高等。

（2）网络调研报告在内容上要做到条理清晰、逻辑严谨、立论有据、观点鲜明。

（3）调研报告中的图标应该有标题，对计量单位应清楚地加以说明，并且，如果采用了已公布的资料，应该注明资料来源。正确的运用图表，对于过长的表格，可在调研报告中给出它的简表，详细的数据列在附录中。

（4）用词力求准确、文风朴实。网络调研报告的特点是实事求是，用事实说话，应以客观的态度来撰写报告。最终在形成报告后，要做到排版有序、字体比例适中、整体美观大方。当然，网络调查报告的撰写过程，也就是对调研责任人的一个信息梳理过程。用客观的态度去撰写，做到调研报告的真实性和准确性，争取能够为企业的决策者提供一份有价值的调研结果。

（5）网络调研报告无须面面俱到。并非所有资料都是越全面越好，对网络调研报告而言，其分析对象应是最典型或最能说明问题的一些材料，在这些材料中找出事物的内在规律或揭示出事物的本质，最终得出正确的结论。

（6）在网络调研报告撰写的过程中，要考虑报告的针对性。要明白报告的目的和呈送人，撰写时要做到目标明确。围绕主题展开论述。

（三）问卷调查软件的评估标准

（1）完全定制的HTML格式，而不仅仅是背景和字体。

（2）可选择一页或多页格式。

（3）可选择每页有多少个问题。

（4）将结果保存到数据库。

（5）任意一页都可以根据多重标准选择跳过模式。

（6）真正的分支结够。

（7）如果软件需要运行Cookie或者其他新的Web浏览器，那么上述一切就都没有用了。

第四章　网络营销信息

第一节　网络营销信息搜索

一、网络营销信息的概述

（一）网络营销信息的含义

信息是指反映客观事实的可传递的知识，是人们对数据进行相应处理后产生的对特定对象有用的结果。在商务活动中，信息通常指的是商业信息、数据、情报、密码、知识等。

网络营销信息是指以网络为载体，存储于网络并在网络上传播的与商务活动有关的各种信息的集合。商务信息传递的媒体和途径被网络营销信息所限定，网络是网络营销依附的载体，商务信息只有通过计算机网络传递，包括文字、表格、图形、数据、影像、声音以及内容，才能够被人或计算机识别，才可以属于网络营销信息的范畴。

（二）网络营销信息的特点

1. 便于存储

大量的信息充斥着现代的经济生活，如果储存信息仍然用传统的载体，存储的难度就会相当大，而且查找起来非常困难。网络营销信息能方便地将信息从互联网下载到自己的计算机上，并通过计算机对信息进行管理。而且，相应的信息存储系统在原有的各个网站上都能找到，如果自己的信息资料不慎遗失，也可以在原始的信息源中找到。

2. 时效性强

由于传递速度慢和传递渠道不畅传统的商务信息，经常导致“信息获得了但也失效了”的局面。这种情况网络营销信息却可以有效地避免。由于网络信息更新及时，传递速度快，只要信息被信息收集者及时发现，就能有效的保证信息的时效性。

3. 检索难度大

虽然网络系统提供的检索方法多种多样，但全球各行各业的海量信息，企业营销人员常常被淹没在信息海洋或者说信息垃圾之中。在海量的网络信息资源中，很快就能找到自己所需要的信息，然后经过筛选、加工、和整理，把能够反映商务活动本质的、有用的、适合本企业情况的信息找出来，这是一件有一定难度的事情，需要很长一段时间的培训和经验。人才可谓是现代企业的支柱，信息则是现代企业的生命，是企业出奇制胜的法宝。企业进行网络营销决策和计划的基础是网络营销信息，并且它对于企业的战略管理、市场研究以及新产品开发都有着极为重要的作用。

4. 准确性高

网络信息的收集，很大一部分是利用搜索引擎找到信息发布源来获得的。这个过程减少了信息传递的中间环节，也就有效地减少了信息的误传和更改，从而保证了信息的准确性。

（三）网络营销信息的分级

对于不同用户不同的网络营销信息的使用价值也有所不同，它们的收集成本也是不相同的，从网络营销信息本身所具有的总体价格水平来看，可将它分为以下四类。

1. 标准费用的信息

这类信息属于知识、经济类的信息，使用价值较高，提供的服务层次也较深，采用成本加利润的收费方式，这类信息大约占信息库数据量的60%。这类信息的采集、加工、整理、更新比较复杂，花费的费用也比较多，网络营销信息大部分属于这一范畴。这类信息是信息服务商的主要服务范围。

2．较低费用的信息

这些信息属于一般性的普通类信息。这类信息的采集、加工、整理、更新比较容易，花费也较少，是最为大众化的信息。这类信息占信息库数据量的 10%～20%，它不追求利润，只收取一些基本的服务费用，如一般性文章的全文检索信息。信息服务商推出这类信息的目的，一方面体现普遍的社会服务意义，另一方面是为了提高市场的竞争力和占有率。

3．优质优价的信息

这类信息具有极高的使用价值，属于专有信息，如重要的市场走向分析、新产品新技术信息、专利技术以及其他独特的专门性信息、网络畅销商品的情况调查等。它的成本也是信息库中最高的，能为用户提供更深层次的服务。用户一旦采用了一条高价值的信息，它将会给企业带来较高的利润，同时也给用户带来较大的收益。

4．免费的商务信息

这类信息主要是对社会和人们具有普遍服务意义的社会公益性信息。仅仅只占信息库数据量的 5%。一些信息服务商为了扩大自己的影响力，想从产生的社会效益上得到回报，主动推出的部分方便用户的信息，如在线免费软件、实时股市信息等。[①]

二、网络营销信息的传递与交流

网络营销信息收集就是在网络上对商务信息的寻找和调取工作。这是一种有目的、有步骤地从各个网络站点查找和获取信息的行为。一个完整的企业网络营销信息收集系统包括先进的网络检索设备、科学的信息收集方法和业务精通的网络信息检索员。

信息是企业网络营销中最为关键的一环，信息传递工作做好了，能使企业网络营销更好、更稳定地发展下去。建立信息源、传递渠道，确保信

[①] 王涛．网络营销实务[M]．北京：机械工业出版社．2012：70.

息的正确性及有效性，都是企业网络营销信息建设需要注意的地方，具体来说，就是要注意以下几点。

（一）网络营销信息传递的基本原则

1．提供尽可能详尽而有效的网络营销信息源

因为无论是用户主动获取的信息，还是企业通过各种手段直接向用户传递的信息，归根结底它的来源还是企业所提供的信息源，只有占有尽可能丰富的有用信息，才能为网络营销信息的有效传递奠定基础。

2．保持信息传递的交互性

营造企业与用户之间互相传递信息变得更加方便的环境是交互性的实质，除了建立尽可能多而且短的信息传递渠道之外，信息反馈渠道也是应该建立的（如论坛、电子邮件、在线表单、即时信息等），以保证信息传递交互性的发挥。

3．尽可能缩短信息传递渠道

在创建多个信息传递渠道的基础上还应创建尽可能短的信息传递渠道，要想信息传递得快，信息渠道就不宜过长。渠道越短，受到噪声的干扰也就越小，从而用户接受信息也就更加容易。这也从本质上解释了为什么搜索引擎检索结果中靠前排列的信息更容易被用户点击，而用户自愿订阅的邮件列表营销效果更胜一筹等看起来理所当然的问题。

（二）网络营销信息交流工具

当互联网还未被应用于营销信息的时代，传统方式是企业与消费者之间以及企业之间的信息交流最主要的方式。传统的信息交流方式很难兼顾到交流的及时性、广泛性和深入性等多个方面，而信息交流工具的众多优点被互联网的应用并集中，这些优点主要体现在以下几点。

1．覆盖面广

目前，200 多个国家和地区的信息的传输就是依靠互联网而进行的。这

为一些跨地区或跨国经营的企业的信息的交流大大的提供了便利。市场营销的各种参与者也是通过互联网联系的，生产者、消费者和其他主体都在同一平台上为在整个营销过程中共同利用互联网创造了可能性条件。

2. 开放性和共享性

信息具有开放性和共享性，无论用户背景如何，都有平等享用信息的权利，更多企业和个人就可以通过互联网发布和接收信息，大大提高了信息接触目标受众的机会。在企业内部，互联网和内联网、外联网的使用使信息能被不同部门和合作伙伴共享，从而使信息的效用得到了充分发挥，企业能更好地适应市场的变化。

3. 功能集成

互联网将传统市场营销中不同阶段、不同形式的信息交流，如广告、交易指令、市场调查的传递等集中于同一平台，使得市场营销的大部分工作，如信息收集、收款、售后服务等都可借助于互联网、内联网一气呵成，使互联网成为一种全程营销的渠道。

4. 经济性

互联网上的信息交流方式是将各种信息转换为二进制码进行传递，这样可以节省在现实生活中进行信息交流所需的大量印刷、场地、邮递、交通、人员等费用。与顾客直接交流将减少对中间商的依赖，对于制造商来讲也是非常有利的。营销链条缩短，销售成本降低。对企业开拓市场，交流成本方面的优势也是很重要的，由于传统的交流方法成本高，商家为节省费用通常将顾客分为高价值客户和低价值客户，经常与前者沟通，为其提供高质量的服务，而对于后者关系却比较冷漠，其服务态度也比较差。互联网的使用可以让低价值客户也得到与高价值客户同等服务，从而吸引更多的顾客。

5. 信息可检性

在信息量呈几何级数递增的所谓“信息爆炸”的时代，对于用户来说无序的信息是一种灾难。互联网有大量的搜索引擎为用户检索提供方便，可以很大程度的降低信息搜寻成本，这在对搜寻者有利同时使发送者有更多的机会接触目标。

6．可传递多媒体信息

在信息交流的过程中，信息需要的表现形式是不同的，有的适合用文字，有的用图形效果好。互联网的这一特点可以为各种形式的信息交流提供方便。互联网可同时传递图像、文字、声音和一切可以数字化的信息。

7．交流隐蔽性

在网上进行信息交流时，双方是不见面的，也没有第三人知道交流的内容，因此交流具有一定的隐蔽性。用于交易时，使交易也具有隐蔽性，对于许多不愿意在购物时被别人打扰，不愿让别人知道自己所购商品的消费者来说，这一特征是他们选择网上购物的主要原因。

三、网络营销信息的收集

（一）网络营销信息收集的基本要求

网络营销信息收集的基本要求可概括为八个字，即：准确、及时、经济、适度。

1．准确性

准确是指信息应真实地反映客观现实，失真度小。虚拟市场的可逆情况能够被真实地反映、和实际情况大体一致的信息才是有用的信息。网络营销无法实现买卖双方的面对面，这样准确的信息就显得更加重要了，准确的信息是正确市场决策的依据。信息失真，就会误导决策的制定，严重的会给企业带来重大的损失。造成信息失真的原因有：①信息在编码、译码和传递过程中受到干扰；②信息源提供的信息不完全、不准确；③信宿（信箱）接收信息出现偏差。加强对网络信息的分析处理和科学管理可以有效地减少信息的失真。

2．及时性

及时就是指迅速、灵敏地从多方面反应市场发展的最新动态。信息的时效性很强，价值和时间是成反比的，时间越长，信息的价值就越低。因此，所收集的网络商务信息应能迅速、灵活反映销售市场多方面发展的最新动态，使信息的应用价值提高。

3．经济性

经济是指以最低的费用获得必要的和有用的信息。一切经济活动的终极目标就是追求经济效益是，当然信息的收集也不例外，这也是收集网络商务信息的原则。信息的及时性、准确性和适度性都必须以经济性为基础。应当明确的是，没必要也不可能将网上所有的信息都收集起来，要不然信息是十分昂贵的。此外，提高经济性还值得注意的一点是，使所获得的信息发挥最大的效用。

4．适度性

适度是指提供信息收集要有针对性和目的性，不要盲目地收集信息。企业虽然的网络营销活动没有信息依据将会处于盲目的状态，但是信息过多、过滥的也会使企业的网络营销无所适从。目前，网络上的信息量越来越大，信息的发布范围也越来越广，不同的营销目的又对信息提出了不同的要求。在这种情况下，对网络商务信息的收集必须要目标明确、方法恰当，范围和数量适度。①

（二）网络营销信息的收集方法

从信息经济学的角度看，整个营销环境是一个不对称的信息场。以消费品市场为例，企业、消费者和政府是市场主体。三个主体形成了三组经济人对偶，即企业与企业、企业与消费者、企业与政府。更好地掌握和使用网络营销信息是网络营销信息收集的目的。信息传递在现代市场营销中

① 王涛．网络营销实务．北京：机械工业出版社，2012：71．

的作用是极其重要的，它贯穿营销的全过程，而互联网在信息交流方面的优势又是显而易见的，这是网络营销兴起和发展的根本原因所在。

信息收集的方法很多，主要分以下几种。

1．按信息收集层次划分

（1）零次信息收集法。

零次信息收集亦称为原始信息收集，是指对来源于客观世界信息的直接收集。这种信息收集具有客观性强、真实度高等特征。

（2）二次信息收集法。

二次信息收集法是指对被加工处理以后的信息的收集。

2．按信息载体划分

（1）广播收听法。广播收听法是指通过收听广播获得所需信息。

（2）电视收看法。电视收看法是指通过收看电视获取信息。

（3）文件研究法。文件研究法是指从文件中寻找所需信息。

（4）报刊摘录法。报刊摘录法是指通过对报刊的摘录获取所需信息。

（5）计算机显示法。目前，随着计算机的发展和普及，很多信息都被储存在计算机中，如果想查询有关信息，只要按一下键盘，计算机显示器上就可显示出来。

（6）电信接收法。电信接收法是指通过电话、电报获取信息。

（7）信件询问法。信件询问法是指通过信件收集信息。如果我们想知道美国汽车工业发展的情况，就可以去信询问有关部门以得到这方面的信息。

（8）面对面交谈法。面对面交谈法是指通过两个人或多个人的交谈获取信息。

3．按信息收集的方式划分

（1）会议信息收集法。会议信息收集法是指在会议上收集信息的方法。

（2）现场信息调查法。现场信息调查法是指派人员深入第一线，直接对信息进行收集。

（3）网络信息交流法。网络信息交流法是指在一个信息网络中相互传送所需信息的收集方法。

（4）间谍信息窃取法。间谍信息窃取法是指利用间谍窃取所需要信息的方法。

（5）有偿信息购买法。有偿信息购买法是指从有偿信息服务机构购买信息的方法。

（6）定点信息搜集法。定点信息搜集法是指聘请信息收集员作定点信息收集的方法。

（7）未来信息预测法。未来信息预测法是指用预测的方法来估算未来事物发展变化方面的信息。预测法是收集未来信息的唯一方法，占有很重要的地位。

（8）会统信息核算法。会统信息核算法是指利用会计和统计的方法加工、核算出新信息的方法。[①]

（三）网络营销信息收集的步骤

1. 原始信息的收集

原始信息主要是通过实地调查收集，而实地调查的效果主要取决于调查方法与方式。

（1）调查方法。

不管采用何种调查方式，在确定调查对象之后，都要进行实地调查。实施调查的方法主要有如下几种。

① 访问调查法。这是一种最常见的方法，主要是通过面谈、电话询问、函电、询问表等方式进行。

---

① 李蔚田，杨雪，孙恒有．网络营销实务[M]．北京：北京大学出版社，2009：179.

② 实验法。这是一种为探索新事物的发展现状而采取的一种获取第一信息的方法，一般要借助记录与统计，寻求新事物变化的规律性信息，以推算其发展前途。

③ 观察法。即不与他人接触，从侧面观察的方法，一般要借助记录、统计、录像、录音等手段进行。

（2）调查方式。

① 普查。即对所需要的全部情况，或是对所需要的某一方面情况做全面的、详细的普遍调查。

② 抽样调查。即在确定被调查对象的被调查部分时，不是依据调查者主观上判断被调查对象的被调查部分是否重要，或是否具有代表性，而是采用一定的方法抽取样品和确定对象而进行随机调查，再用结果匡算对象总体。

③ 重点调查。即对被调查的对象和地区，根据情况有选择地对其中的一部分进行重点调查。

④ 典型调查。就是在重点调查的基础上，调查被调查对象的重要性和代表性。

2．加工信息的收集

加工信息即为第二次信息，这种信息一般都已经过初步加工，大都是拿来就可使用的现成信息。在收集时要按内部加工和外部加工分别收集。

3．市场信息的收集

（1）流通渠道信息。不同商品的流通渠道相互交叉、相互作用、相互影响，形成商品总市场的流通网络，形成市场竞争机制，把生产与消费有机地联结起来。

（2）消费者市场信息。消费者市场信息包含诸多方面：①人口；②职业与教育；③家计情况；④消费心理；⑤购买行为。

（3）生产者市场信息。生产者市场信息包括生产者所需原料、设备、燃料和服务，以及生产厂家和它们所提供的商品种类、规格、价格、质量、牌号、包装和供货能力等。

4. 有偿信息服务与有偿信息的收集

（1）有偿信息服务。

目前，我国信息有偿服务的途径主要有以下九个方面。

① 信息刊物发行收费；

② 可以编辑专题情报信息资料销售；

③ 技术开发与转让是有偿的；

④ 可以进行收取报酬的技术培训与技术交流；

⑤ 合资经营开发新产品，其中允许技术入股；

⑥ 信息咨询服务收费；

⑦ 参加科技信息交易会有偿提供科技信息；

⑧ 代查、代检情报资料可以收费；

⑨ 有偿翻译中外文资料。

（2）有偿收集信息。

过去企业都是依靠上级和下级无偿地提供信息和与其他单位交换信息，目前也开始有偿地收集与使用信息。方式有几种：①聘请业余信息员；②有奖征集信息；③奖励提供信息的职工；④按上述有偿信息服务的途径取得信息。

第二节　网络营销信息的处理

一、网络营销信息的整理

（一）网络营销信息整理的含义

网络营销信息的整理是将获取和储存的信息条理化和有序化的工作，

其目的在于提高信息的价值和提取效率，防止信息库中的信息滞留，并发现所储存信息内部新的联系，为信息的加工做好准备。

（二）网络营销信息整理的步骤

在信息化社会中，商务信息铺天盖地，通过信息的合理分类、组合、整理就可以使片面的信息转变为全面的信息。网络营销信息的整理工作一般分为以下几个步骤。如图 3-1 所示。

图 3-1 网络营销信息的整理步骤

1. 明确信息来源

下载信息时，常由于各种原因，没能将确切的网址下载下来，这时，首先应查看前后下载的文件，是否有同时下载、域名接近的文件，用这些接近的文件域名作为原文件的信息来源。如果没有域名接近的文件，应尽量回忆、查找下载站点，以便以后有机会还可以再次查询。对于重要信息，一定要有准确的信息来源，没有下载信息来源的，一定要重新检索补充。

2. 浏览信息，添加文件名

从互联网在线下载的文件，由于时间的限制，一般都沿用原有网站提供的文件名。这些文件名基本都是由数字或字母构成的，以后使用起来很不方便。因此，从网上下载文件后，需要将文件重新浏览一遍，添加文件名。

3. 信息分类

从互联网上收集到的信息非常凌乱，必须通过整理才能使用。信息分类可以采用专题分类法，也可以采用建立自己的检索系统，如按地区、按时间进行分类。

4. 初步筛选

在浏览和分类过程中，对大量信息有一个初步筛选的任务，完全没有用的信息应当及时将其删除。但要注意，有些信息单独看起来是没有用的，可积累起来就有价值了，对于这类信息要注意发现、保留，如市场销售趋势必定是在数据的长期积累和一定程度的整理后才能表现出来的。

二、网络营销信息的加工处理

（一）网络营销信息加工的含义

网络营销信息的加工是将各种有关信息进行比较分析，并以企业的目标为基本参照点，发挥人的聪明才智，进行综合设计，形成新的信息产品，如市场调查报告、营销规划、销售决策、新的人事安排等。信息加工的目的是要进一步改变或改进企业的现实运行状况，使其向着目标状态运行。因此，信息加工处理是一个信息再创造的过程，它不是停留在原有信息的水平上，而是通过人为的参与，加工出能帮助人们了解和控制下一步计划的程序、方法、模型等信息产品。

（二）网络营销信息加工的基本原则

1．通俗性

经过加工的信息，一定要便于推广，其内容要通俗易懂，使任何人看了以后都能明白其内容，只有这样的信息，才能为人们所使用。

2．系统性

为了更好地使用信息，使其最大限度地发挥效能。在信息加工过程中，应该使其具有系统性。例如，在价格信息中，一定要全面反映价格的运行规律，首先要求各种各样的价格信息都要有：其次，要求不但要有今天的各种商品价格信息，还要有昨天和明天的各种商品价格信息；再次，要求不但要有国内各种商品的价格信息，还要有国外各大城市各种商品的价格信息。只有这种系统化的信息，才能使人发现价格的运行规律，并使信息具有最大的使用价值，创造出最大的经济效益。

3．标准性

为了加强信息的国际国内交流，信息的加工需要按标准化要求进行，如度量衡制的单位、著录的格式、标志符号的设计式样、信息分类表格等，都要满足标准化的要求，否则，该信息的流通范围就会大大受到限制，其使用价值就会大大降低。

4．及时性

信息是具有时效性的，因此，在信息加工过程中，要具有时间观念，争取在最短的时间内把信息加工好，最大限度地发挥信息的效能。例如，武汉某种童鞋本月出厂价为 100 元／双，如果过了很长时间才把信息加工好，事过境迁，再提供这条信息就可能与事实很不相符，有价值的信息就会变成无价值的信息。

5．准确性

加工后的信息只有具有准确性，才能为使用者提供一定的经济效益，反之，就会使信息使用者误入歧途，导致重大损失。例如：如果山东某种苹果实际销售价为 3 元／公斤，但信息员所提供的数字为 10 元／公斤，该种苹果在当地市场上售价为 6 元／公斤，在这种情况下，如果当地有人以 6 元／公斤的价格购进苹果，然后再到山东市场上出售，必然会造成一定的经济损失。所以说，信息的准确性是最重要的一个原则。

（三）网络营销信息加工的作用

1．分析研究，综合创新

收集来的信息可以经过分析比较、计算研究，创造出新的信息。比如：通过对我国工业生产产值以及国民经济总产值的核算，可以获得工业生产产值占国民经济总产值的百分比的信息；通过对新中国成立以后人口增长状况的计算研究，可以获得未来我国人口发展趋势方面的信息；通过对过去工作状况信息的分析研究，可以获得成功经验或失败原因等方面的信息。

2．去伪存真，去粗取精

在大量的原始信息中，不可避免地存在着一些假信息、伪信息，只有通过认真地筛选和判别，才能防止和避免鱼目混珠、真假难辨，在信息传递和使用中误人害己，造成事业上的重大损失。

3．目录组织，便于检索

把信息著录和标引以后，就可以很容易地把信息储存起来，但信息需求者在信息检索时，还需要一个目录组织作为检索的指南，这样可以省去很多精力和时间。比如，我们要查找一份有关粮食价格的信息，就可以根据目录组织所提供的书架号、架层号、顺序号等标引很快找到该份信息，否则就很难查找到该份信息。

4．著录标引，方便使用

收集来的原始信息杂乱无章，只有通过著录和标引，使零次信息变成二次信息，才能便于信息的存储、检索、传递和使用。比如，一个信息中心，由世界各地信息员收集来数万条信息。其载体形式多种多样，如报纸、信纸、录像带、磁带等，如果不把这些信息用统一的规格、格式进行著录，就无法进行存储。如果不把这些经过著录的信息载体加以标识符号，同样也不能进行检索使用。

5．分类排序，规则系统

我们收集来的信息呈一种原始状态，这种信息是一种初始的、零乱的、孤立的信息，根本无法存储、传递和使用。只有把这种零次信息进行分类和排序，使之成为规则的、有序的、系统的二次信息，才能存储、检索、传递和使用。[①]

（四）网络营销信息的处理方式

网络营销信息的处理方式主要有两种，即人工处理和机器处理。

1．人工处理

人工处理是指由人脑，包括专家和专家集团进行信息处理。

---

① 李蔚田，杨雪，孙恒有．网络营销实务．北京：北京大学出版社，2009：184~185．

2．机器处理

机器处理是指用计算机进行信息处理。

人工处理和机器处理这两种方式各有优劣，人脑神经系统可以识别和接受多种多样的明确信息和模糊信息，但计算机有强大的计算能力，速度和准确性上要大大超过人脑。如果能综合这两种“信息处理器”的优点，形成一个合理的人、机结合的“人一机”信息处理系统，是信息处理的较好办法。

（五）网络营销信息加工的基本内容

1．信息的筛选和判别

（1）信息筛选和判别的含义。

没有经过加工的原始信息中难免有一些信息不符合人们的需要，甚至是伪信息、假信息，这就需要对收集来的信息进行筛选和判别。信息的筛选和判别就是对原始信息有无作用的筛检和挑选，是对信息真伪的判断和鉴别活动。

（2）信息筛选和判别的基本原则。

信息筛选和判别应该要遵循准确性、细致性、全面性、反复性的基本原则。准确性即信息的筛选和判别要力求准确，真正把伪信息、假信息剔除，把真正有价值的信息保留下来；细致性即信息的筛选和判别是一种很细致的工作，要求信息工作者在筛选和判别过程中应集中精力、全神贯注、认真细致、字斟句酌，千万不能因为粗枝大叶、敷衍塞责，留下虚假的信息，而放弃了有价值的信息；全面性即信息的筛选和判别需要全面审查，使之无一遗漏，只有把所有的原始信息都经过筛选和判别才能达到预期目的：反复性是指信息的筛选和判别是一件很复杂的工作，往往一次无法明确地判断和鉴别，需要反复地分析和甄别才能得出准确的结论。

（3）信息筛选和判别的方法。

信息筛选和判别的方法主要有分析比较法、感官判断法、集体讨论法、数学核算法、专家裁决法和现场核实法。

① 分析比较法是指信息加工人员在筛选和判别信息的过程中，采用前后信息、左右信息、不同渠道收集的同一信息对比分析以确定信息的真伪和可信度的方法。这种方法较感观判断法费时费事，但准确性较高。

② 感官判断法是指信息加工人员在浏览审阅原始信息过程中依靠自己的学识，凭直觉判断信息的真伪以及可信度大小的方法。这种方法的优点是简单易行、费用低廉、节约时间。其缺点是对某些信息难以作出准确判断。

③ 集体讨论法是指对一些个人无法下结论的信息采用集体会诊的方法以确定其取舍。这种方法由于发挥了集体的智慧而使信息的准确性较高。

④ 数学核算法是指对原始信息有疑虑而由信息加工人员重新予以核算的加工方法。这种方法可以及时纠正那些因信息收集计算错误、笔误或传递过程中失误造成的信息失真现象。

⑤ 专家裁决法是指对一些一时无法确定取舍的信息交由专家裁决的方法。这种方法的科学性依专家的个人素质而定。

⑥ 现场核实法是指对有疑虑的信息，再责成信息收集人员或加工人员深入现场核实真伪的方法。这种方法准确性较高，但较费时费力。

2．信息的分类和排序

信息的分类是根据选定的分类表，把杂乱无章的原始信息进行分门别类。信息的排序是指在信息分类的基础上，按照一定规律前后排列成序。经过信息的分类排序，就可以使原本一团乱麻的信息成为一个有组织、有条理、井然有序的信息体系，便于存储、检索和使用。

3．信息的计算和研究

信息的计算和研究是指对分类排序后的信息进行计算、分析、比较、研究，以便创造出更为系统、更为深刻的新信息的活动。通过计算和研究，可使信息更具有使用价值，实践意义更大。

4．信息的著录和标引

信息的著录是指按照一定的标准和格式，对原始信息的外表特征（名称、来源、加工者等）和物质特征（载体形式等）加以描述并记载下来的活动。信息的标引是指在著录后的信息载体上按照一定规律加注标志符号的活动。原始信息经过著录和标引，就正式成为二次信息。

5．信息的编目和组织

信息的编目和组织是按照一定的规则将著录和标引的结果另外编制成简明的日录，提供给信息需求者作为查找信息工具的活动。

第三节　网络营销信息系统

营销信息系统（MKIS）是指由人、设备和程序所构成的持续相互作用的复合体，其任务在于收集、整理、分析、评估与传递所需的及时、准确的信息，以供营销决策者用来改善市场营销规划、执行与控制的工作。

营销信息系统的作用是评估营销主管的信息需要，收集所需要的信息并为他们实时地分配信息。现代营销信息系统主要由内部报告系统、营销情报系统、营销调研系统以及营销决策支持系统四个子系统构成。

首先，由营销主管或相关决策者确定所需信息的范围；其次，根据需要建立营销信息系统内的各子系统，由有关子系统去收集环境提供的信息，再对所得信息进行处理；再次，由营销信息系统在适当时间，按所需形式，将整理好的信息传递给营销主管或有关决策者；最后，营销主管做出的决策再回流市场，作用于环境。

一、内部报告系统

内部报告系统是决策者常用的最基本的子系统。实际上，内部报告系统是以内部会计系统为主，辅之以销售信息系统而组成的，其核心是“订单-发货-账单”的循环。内部信息来源于企业内部的财务会计、生产、销售等部门；通常是定期提供，作用于日常营销活动的计划。营销主管依靠内部报告系统提供的订单、库存、销售额、价格、现金流量、应收账款、应付账款等信息进行分析，能发现重要的机会和问题。

（一）订单-收款循环

内部报告系统的核心是“订单—发货—账单”的循环。销售代表、经销商和顾客将订单送交公司，发票副本被分送给各有关部门。发货时须附上运单和账单，同时还要复印多份分送给各有关部门。存货不足的留待以后交付。今天的企业总是希望迅速和正确地执行上述步骤，因为顾客总是更信任那些能及时交货的公司。顾客和销售代表利用传真和电子邮件发送订单，这些订单被实时地传递到计算机化的数据仓库，开单部门据此迅速地开出发票。近年来，越来越多的公司开始采用电子数据交换处理（EDI）和网络，以使订单、收款循环更快、更准确和更有效零售业巨人沃尔玛利用计算机、网络以及专业软件来集成它的内部事务，并将它的供应商以及顾客都集成进来。比如，用计算机处理库存水平，通过网络向货主发出自动更新订单，以便把商品运进商店。

（二）销售信息系统

营销主管还需要公司当前销售的最新报告。由于高科技的迅速发展，使移动办公室的实现成为可能，销售代表无论身处何地都能立即得到有关顾客的资料，并且能通过网络迅速反馈和送出销售报告等。

在美国，销售力量自动化（SFA）电脑软件已使用了多年。它的基本功能是帮助经理追踪销售与营销的结果，或为数据记录内容润色。此外，它还增加了网络技术，所以，给出了潜在顾客的更多的信息并保存了详细的记录。比如，美国的联盟健康护理公司（Alliance Health Care）用计算机网络向医院采购部门供货，各医院可通过网络直接从该公司订货。订单的及时到达使该公司减少了库存，改进了顾客服务和从供应商那里以优惠的条件大量进货。该公司比竞争者获得了更多的优势，从而使其市场份额大大增加。

在网络营销信息系统中，内部报告系统的信息除了从公司各部门收集的信息，还包括站点被点击率、网上订单、网上竞争对手的行动、有关网民的构成及其网上行为等。通过分析这些信息，营销主管能够更好地发现网络环境下公司面临的机遇与威胁。

二、营销情报系统

营销情报系统是为获得日常的关于营销环境发展的恰当信息的一整套程序和来源。如果说内部报告系统是为管理人员提供结果数据，那么营销情报系统则是向营销部门及时提供有关外部环境发展变化的有关情报。

（一）获取营销情报的方式

营销主管通过书籍、报刊、公众出版物或与顾客、供应商、分销商及其他公司有关人员交谈收集情报。营销主管还应利用公司的内部网、外部网以及因特网有效地收集相关的情报。公司可以采取以下一些步骤更有效地获取营销情报。

1．鼓励和帮助分销商、零售商和其他中间商把重要的情报报告公司

安排分销商递交包括他们产品在内的销售总发货单给营销调研部门；安排专业人员收集营销情报（许多连锁超市，常常有一些“佯装购物者”在假装购物，并致力于真实地了解其他顾客的需求和态度。在经过佯装购买调查后，总公司会告诉这些特许经营的连锁超市应该注意如何改进自己的服务）；还可以要求网下物流分销商协助了解最终顾客特征，进而帮助他们改进市场营销程序。

2．鼓励和帮助销售人员发现和报告最新的情况

销售人员代表公司直接和顾客以及大众接触，往往能够收集到第一手的信息资料，在收集信息方面处于一个非常有利的位置，这也是其他方法不能取代的。然而，由于平时业务繁忙，销售人员常常不能及时地转告重要的信息，或者觉得没有必要。公司必须让销售人员感觉到，作为情报来源，他们是最重要的人。同时，销售人员也应该知道，如何将各种信息送给相关的负责人。例如，某化妆品公司在各地的销售代表（包括推销人员），就是该公司的重要信息来源。他们让公司了解了许多事情，什么职业或者多高收入的人需要什么特点的化妆品，以及心理上能够承受的价位等。公司还应向销售人员宣传利用网上免费资源或各商业站点收集信息的重要性，训练他们如何使用经贸信息网和电子公告板或主要搜索引擎，甚至通过 PUSH 技术等去发现新情况。

3．建立顾客咨询小组

公司还可以建立一个顾客咨询小组，由顾客代表、公司的最大客户或公司最重要的外部发言人或技术要求复杂的顾客组成。每年定期邀请顾客咨询小组的成员举行会议，共同讨论服务问题、新技术问题、产品问题以及顾客的需求变化等。顾客咨询小组的人数应适量，一般在 10 ~ 20 人之间，人数太多不容易组织，太少又没有什么效果。顾客咨询小组的代表尽可能来源不同，以使讨论的内容尽可能丰富，这有助于多角度的考察问题。讨论的气氛是自由的，成员能够畅所欲言，公司能从中获得极有价值的信息。

4．建立营销信息中心，以收集和传送营销情报

公司可安排专业人员通过扫描因特网和重要的出版物，摘录有关新闻，制成新闻简报送给营销主管参考。信息中心应建立一个有关信息的档案，并协助经理们评估新的信息。IBM 现在有一个重要而又特别的机构—IBM 直销中心，是激烈的竞争压力促成了它的诞生。在高技术产业，每 5 年左右，毛利率就要减半。所以，像 IBM 这样的企业总是不断地争取在毛利率降低之前减少销售成本。虽然其中一个重要的方法就是采用电话直销，但通过数据库获取信息成为他们寻求对策与日趋增加的竞争对手较量的重要

手段。寻求创新销售方法的不止IBM一家。随着市场的不断变化，生意越来越难做。德尔蒙食品公司和惠普公司等企业也开始采用综合营销法，以节约更多成本，加强以顾客为导向。这种营销法实现上述利益的途径是：先在数据库中搜集大量顾客信息，再利用这些信息针对具体顾客销售。最后，经理对这一轮工作的成效进行评估，以便在下一轮中取得更大成功。一个高效的项目首先得有一个数据库帮助细分和分析顾客的购买习惯。IBM从大约20种渠道收集来各种业务和营销信息，合并成一个主数据库。这些信息渠道包括顾客登记卡和公司举办的计算机系统培训。[①]

（二）企业情报部门

在企业中将情报部门设立在什么位置，尤为重要。大量的调查研究表明，企业情报部门可设置在不同的部门。

1．最高决策层

情报人员与决策者之间保持着十分密切的关系，情报人员直接向企业最高领导层报告。摩托罗拉公司的情报部门就是使用的该种形式，关键情报直接有情报人向最高领导层报告；决策层的工作也有情报人员参加，情报办公室与总裁办公室相邻，这种方式与美国国家安全局相似。但这种方法最大的缺点是它只为企业行政主管服务，但是无法为其他部门服务。

4．企业职能部门

如果该企业的销售部门是一个十分关键的部门，情报部门就可以直接和销售部门合作，但也可以设置在其他部门之中，如制造部、研究或开发部门等。

3．情报部门是一个独立的部门

情报部门维持生存的方法是，通过从不同的部门来得到项目。壳牌石油公司就是采用这种方式：将企业的竞争情报部门以技术中心称之，对本

① 李纲，张天俊，吴恒．网络营销教程[M]．武汉：武汉大学出版社，2008：165．

行业其他企业的最佳实践模式进行调查研究，并将这些经验传达到本企业的所有部门。

4．企业管理层，与法律、财务部门并列

美国通用汽车公司的情报部门就是设在这一层次，为企业战略决策合作提供服务。宝洁公司的情报部门也设在这一级，负责向企业的财务部门汇报。

5．混合型

Fidelity 公司是美国最大的共同投资基金公司，其下设 18 种不同的行业，由于 18 个行业的客户对象和性质不同，因此不对情报活动进行统一协调，企业一级主要负责培训，各个行业有各自相应的情报活动组织方式。宝洁总公司有 20 个不同的子公司。总公司一级成立了竞争情报委员会，由 20 个子公司的情报人员参与并共同组成，根据一些项目将子公司的情报人员召集在一起活动，情报人员也经常相互交流经验。

三、营销调研系统

除了收集内部信息和营销情报外，营销主管还需对特定的问题和机会进行集中的专业的研究。营销调研是指系统地设计、收集、分析和提出数据资料以及提出跟公司所面临的特定的营销状况有关的调查研究结果。营销调研系统的任务是针对公司面临的明确具体的问题，对有关信息进行系统地收集、分析和评价，并对研究结果提出正式报告，供决策部门用于解决这一特定问题。

营销调研是企业取得市场资料和信息，正确认识市场现状，预测市场趋势，从而编制营销计划，做出经济决策，进行科学管理，提高经济效益的一种有效手段。随着我国市场经济体制的建立和发展，特别是我国经济已呈现出以买方市场为主格调的今天，市场调查的作用日益突出，备受多方关注，各种市场调查方法也因此得到广泛的应用。随着国际互联网在我

国的迅速发展，这一高度交互性的载体将给市场调查方法带来重大变革，网上调查作为一种全新的市场调查方法将深刻影响我国市场调查业的发展，并有望在不久的将来成为市场调查中最广泛使用的方法之一。

每个网上营销者都需要网上营销调研。网上调研的活动范围极广，从研究网络营销机会到评价网上顾客满意程度和网上订购行为及研究网上广告、离线销售等活动。为此，公司可以用自己的调研部门，也可以借助网上调研服务进行网上调研。是否需要利用其他专业的网上调研服务主要取决于企业自己的调研技术和资源。事实上，很多大企业在拥有自己的调研部门的同时，也会将一些重要的困难的调研任务外包。

四、营销决策支持系统

营销决策支持系统（MDSS）是通过硬件和软件支持，协调数据收集、工具、系统和技术，给公司内部和外部的信息以合理的解释，并将其作为营销活动的基础。它主要是对收集来的数据资料用数学方法进行分析归纳，从中推算出一些有意义的结果。可以说，先进的统计步骤和统计模型是营销决策支持系统的构成，用一些先进的技术或技巧来分析市场营销信息，以帮助更好地进行营销决策。

（一）MDSS 所支持的决策问题分析

1. 销售预测与决策

为了实现目标利润，必须预测出目标销售量和目标销售额，从而为决策提供参考。同时也需要预知完成多少销售量和销售额才能使产品保本，因此就有保本销售量和保本销售额的预测决策。当产品成本或价格变动，以及有多种因素影响时，还需考虑对保本销售量与保本销售额，以及对目标销售量和目标销售额的影响因素。销量预测非常重要，它指导财务部门筹集投资和经营中的资金，指导生产部门预测生产规模和产出水平，指导采购部门采购正确数目的原材料，指导人力资源部门进行合理的人员配置。

2．物流决策

实现电子商务流程的基本保证和重要环节是物流。市场营销不仅要刺激消费者的需求，而且还要满足其需求，适时、适地、适量地提供商品给消费者。为此，要对商品进行储存和运输，即物流管理。现代物流被一致认为是企业在降低物质消耗、提高劳动生产率以外的重要的第三利润源泉，是利润的新增长点。制定正确的物流决策，对于企业降低成本费用，增强市场竞争力，提高效益具有重要的作用。

3．目标利润预测与决策

生产经营活动的开始就是目标利润的预测与决策。在公司总规划中，生产经营活动所要达到的利润估计值是目标利润，它是理想的预计利润。目标利润是事前计算好的，它与预计的销售收入及产品的目标成本的关系密切，所以企业经营管理决策的核心是目标利润的预测与决策，这也是MDSS 支持的首要问题。一般情况下，为了达到激励员工的目的，预测的目标利润要略高于实际所能完成的任务。

4．产品价格决策

在市场营销组合决策中，定价决策是非常敏感并且难以控制的组成因素。它直接关系着市场对产品的认可程度，对市场需求和企业的利润有很大影响，与生产者、经营者、消费者等各方面的利益都有所关系。可以说，制定产品价格是成本、利润以及消费者购买力三者之间的平衡。由于竞争环境和市场需求波动的影响，生产经营活动要及时调整，而其中一项主要的措施就是产品价格的变动。由于因特网具有互动性的特征，消费者可以借助系统软件就产品价格与企业进行协商。甚至消费者还可以自己定制产品或根据自己的想法对产品进行适当修改，使最终产品能满足自己的要求。企业可定价的策略可以采取多种方法，从而达到提高经济效益的目的。

5．促销决策

传统的媒体广告是传统的促销方式主要的宣传渠道，通过它促进产品销售，改善企业形象。信息技术不断发展给市场营销带来了新的机遇，促销方式也变得多种多样。网上促销、网络广告、网上行销等在当今社会生活中有着强大的生命力。借助于网络，企业和全球的消费者都可以进行联系和交流，而不会受到时间和地域的限制。更低廉的价格和更广泛的影响力是网络广告的最大优势，在这种情况下，消费者不再是被动地接受广告，而是根据自身的需要主动搜寻信息，寻找需要的产品或服务。

此外，销售税金决策和盈利分配决策也在市场营销决策支持系统中涉及。销售税金是指从销售收入中抵扣的税款，如营业税或增值税等，销售税金决策要分别进行增值税的预测与决策等。在利润分配过程中要兼顾国家、企业、个人三方面的利益，以达到既促进国民经济发展，又保证企业具有一定扩大再生产的能力，同时也要使职工得到经济利益，提高劳动积极性。

（二）MDSS 系统结构中的三库

1．数据库

MDSS 中的数据是和决策过程密切相关的经过加工后的浓缩数据。在 MDSS 中必须要面向模型，数据库设计的依据是面向模型生存和决策。由于 MDSS 一般是面向高层决策，决策过程不仅需要企业内部数据，还应用到大量的外部数据，如市场需求量、市场价格、竞争情况等。现在，集成数据库的方案已经被许多企业采用，并运用先进的数据库提取技术进行提取。在买方市场条件下，市场需求的多样化与变动性决定了营销工作必须具有实时性与动态性。因此，可将数据库划分为动态数据库可静态数据库。诸如企业资本、生产能力、营销人员数量等数据一般变化较小，可将其放入静态数据库中，而如库存、市场价格、市场环境等这些数据经常发生变化，这就要将其放入动态数据库进行管理。这样进行分类后，可以大大地提高数据库的利用效率与效益，能更好地适应外部环境的变化。此外，在 MDSS 的设计中内部的信息流也是企业所应该注重的，注意实践中数据传递的路径和方法等。

2．模型库

根据营销工作的特点，模型使用时定量模型和定性模型要同时注重。根据营销工作的决策类型，基本上可以将模型分为预测类、投入产出类、优化类、决策类与不确定类等几大类。由于在 MDSS 使用中，每一个模型的生成与应用都需要大量的数据信息进行驱动，因此在 MDSS 中一定要强调模型管理与数据管理的结合，强调每一个模型都要从数据库提取输入数据及参数值，同时又将模型运行结果送回数据库。当数据发生足够的变化而要求模型变化时，模型也应能相应地修改。总而言之，模型库要强调其经济性、适应性和可控性。

3．知识库

由于营销环境具有多变性与营销工作的非结构性，知识库的运用在 MDSS 中必须大力加强。在 MDSS 中，用来存放各种规划、因果关系、各类营销专家的经验与成功企业的营销经验是知识库的主要作用。此外，在 MDSS 中还应有综合利用知识库、数据库和定量计算结果进行推理和问题求解的推理机，这方面主要涉及专家系统在 MDSS 中的应用。

第五章　网络营销的策略与管理

第一节　网络营销的策略

一、网络营销策略的方式及其性质分析

（一）消费者策略

消费者策略是企业进行网络营销中不可缺少的策略之一，营销的首要步骤就是对目标消费者进行定位。当然，一些专业性网站和综合性网站，其定位的消费者群可能是截然不同的。消费者既是网络营销的出发点，又是其终结点。因此，进行整合营销传播时，首先要采用消费者策略。

网络营销的重点是保持并增强网络消费者的群体，而不是争取消费者。消费者在网络商业服务中被给予了崇高的权力以及从未有过的选择商品的自由，企业实力的判断往往就以其拥有的消费者数量为准。

同时，运用消费者策略的一个重要特征就是：在网络营销过程中，尽量维持消费者与其他利益关系人之间的互动式双向沟通，只靠单向沟通是不行的。

（二）成本策略

在长期的网络营销实践过程中，人们不断地发现出许多新的营销方式，例如：消费者行为理论、价格的定位术、传播的一致性、市场定位术、非正式价值策略等。但同时也发现：价格在某些时候并不是消费者关注的重点，他们甚至可以忽略成本，不在乎商品是否“实惠”。于是，人们总结出新的观念：抛弃固有的定价策略或价格战，尽量去了解这样的事情——为满足自己的欲望和需要，消费者到底愿意付出多大的成本价值[①]。

[①] 高凤荣．网络营销实务[M]．北京：机械工业出版社，2010：244．

（三）方便性策略

除了消费者和成本之外，企业还应该注重消费者的方便性，即不能只强调某一固定的分销渠道，对于消费者在购买商品以及享受服务时的方便性也要给予关注。方便性策略对于提高企业的竞争力，起着关键的作用，在如今品牌忠诚力经济下，该策略本着消费者就是上帝的原则，是企业不可忽视的策略之一。

在网络经济时代，要做好网络营销工作，必须要求营销人员由外而内具备消费者导向思维，懂得想方设法地建立新型的消费者互动关系，以方便消费者接受本企业的信息和服务。

（四）沟通策略

网络企业将商品、服务和品牌信息传递给消费者，消费者也很愿意将其感受和意见反馈给企业。通过长期的良好沟通，能够使得企业、服务、品牌、商品等与消费者之间建立起一种牢固而稳定的友谊。正是这种关系营销构成网络营销的关键所在，而只有利用整合营销进行传播，才能建立这种关系。

网络企业要想达成信息交换的目的，必须首先对消费者头脑中所存在的信息内容和信息形态有一个详细的了解，然后消费者利用某种方式或渠道，告知网络企业自己需要的信息有哪些，这样才能实现双方的互相回应。这种过程就是真正的关系营销，即沟通策略，企业与消费者必须经过相互沟通，才能实现信息的交换以及共同价值的分享，最终才能实现双方的互惠互利。

二、网络营销产品策略研究

（一）网络营销产品的层次分析

1．有形产品层次

该层次指的是在市场上出现并具体一定物质形态的产品，包括产品的质量、式样、特征、品牌和包装五个基本形式，由企业的设计和生产人员将核心产品用过一定的载体，即有形的物体表现出来。

对于有形产品，要注意以下几点：①注重品牌；②保障品质；③注意包装；④特征和式样的加工，要符合不同地区的文化。

2. 延伸产品层次

该层次指的是，为了帮助消费者更好地享受自己的权力、使用产品的核心利益和服务，由产品的经营者或生产者提供的购买需求。

3. 服务层次

该层次指的是一个产品能够带给消费者的真正利益、所能发挥的基本效益，它往往决定了消费者是否真正想要购买的意图。所有的网络营销都离不开以顾客为中心的原则，因此，企业不管是开发还是设计一个产品，其核心利益就是要从顾客的角度出发，同时在制定计划时还要依据前一次的营销效果进行判断和参考。此外，全球性的网络营销，还要求企业要针对全球性的市场人群提供产品的核心利益和服务。

4. 期望产品层次

期望产品是指顾客在购买产品时期望得到的与产品密切相关的一整套属性和条件。在网络营销中，每个消费者的需求并不完全一致，为了满足不同消费者对产品的不同要求，企业有必要根据他们的爱好，开发和设计具有不同特征的产品，以满足这种个性化的需求。消费者在进行购买之前，这种对产品的质量、特点、是否方便等方面的相对期望值，就是所谓的期望产品。

5. 潜在产品层次

该层次指的是由企业提供的、能够满足部分顾客的潜在需求的产品，是延伸产品之外的一种增值服务，但与延伸产品有一个主要的区别：即使缺少潜在产品层次，顾客依然能够正常地使用企业产品的核心利益和服务。

（二）网络营销产品的策略分析

1．网络营销的产品策略

（1）延伸到网上市场的传统产品。

互联网的出现对传统的销售环境产生了深远的影响。作为有效的通信媒介，互联网可以用来实现商业团体的营销、广告、订货和顾客服务等功能，从而使企业在各个方面都减少了对传统媒介的依赖。这些营销、支付和客户服务等方面的改变，以及新的结算程序的产生，都极大地影响了传统产品市场。

（2）专门定位于网上的产品。

除了传统商品延伸到网上销售外，互联网的出现也促进了专门定位于网上产品的产生。专门定位于网上的产品通常不以实物的形式存在。这类产品包括各种在线报刊、音乐、教育等可检索数据库及专门的知识和意见以及各种虚拟社区的虚拟商品等。

2．网络销售产品的市场选择分析

（1）节约交易成本。

目前，企业参与电子商务活动，主要就是为了更有效率地处理和降低交易成本。一个产品从开始生产直到经营销售的一系列过程中，涉及许多环节，其中有些环节是可以避免或者精简的。因此，企业应对这些处理过程进行详细的分析，尤其是销售过程，进而找出能节约成本的方法和策略。

（2）发展迅速。

在电子商务中，根据市场潜在利润的大小，企业进行网络销售的热情也会随之变化，当然还与其他一些因素有关。一般情况下，在电子商务市场中的一个产品，其发展速度主要由以下两个因素决定：①买方的成熟度；②当期交易的无效率程度。买方的成熟度，即指的是消费者确定某一具体产品的能力或对某一产品差别化的理解能力大小等。

（3）市场优势。

对企业而言，要想知道一个市场战略对消费者是否有效，要从该产品的品牌知名度和企业的市场优势入手。如果企业没有足够的品牌知名度和市场优势，那么可借助一些专业网站开辟自己的电子商务市场，进而扩大本企业的销售范围。

（三）网络营销新产品的开发

1．新产品策略

新问世的产品策略即开发一个市场上全新的产品。该策略一般适用于创新型公司。在互联网时代，市场瞬息万变，消费者的需求、消费心理和消费行为随环境不断变化。企业研制和开发新产品时，要善于把握这些变化的特点，提出全新的产品构思和服务概念，并以此设计产品和服务，这样推向市场才能获得成功。

2．新产品线策略

该策略是企业首次进入现有市场的新产品策略，指的是公司在现有品牌的基础上开发出一种全新类型的新品牌。

3．现有产品线外新增加的产品策略

现有产品线延伸的优势在于利用了现有品牌，节省了导入和促进新品牌的高昂成本。该策略的风险是，如果现有客户相信产品线延伸失败的话，则现有品牌可能被蚕食，而且现有客户基础或品牌资产也可能随之被侵蚀。

4．现有产品的更新策略

在现有产品的基础上，改善产品的功能或提供有较大感知价值的产品，以替换现有的产品。

三、网络营销价格策略研究

（一）影响网络营销定价的因素

1．基本因素

（1）产品的总成本。

成本是以货币形式表现的产品生产与销售的费用支出，是反映企业消耗水平的综合性指标。

（2）市场需求。

市场需求评估，是指公司根据消费者所能接受的价格变动范围，确定最佳的产品价位及其销售量的关系。

（3）竞争对手的价格策略。

企业对竞争者的行为十分敏感，对手的定价策略是影响企业定价的重要因素。

2．其他因素

除了上述三项基本因素外，企业还要结合自身情况考虑到其他内、外部因素对定价的影响。如企业在不同的发展阶段会有不同的业务侧重点及影响战略，会导致有不同的价格策略。

（二）网络营销定价策略

1．免费定价策略

免费定价策略是以零价格的方式向客户提供产品或服务，分为“完全免费”与“部分免费”方式。在线下营销中，免费策略一般是作为短期的、临时性和偶尔使用的促销手段。但在网络上，特别是在消费品大众市场上，免费策略往往是一种长期的、常用的和战略性的营销方式。

消费者的需求是一切营销活动的出发点，产品或服务实行免费后必须能够有针对性地激发目标客户的需求，促使销售量大量增长，或者能创造足够大的用户规模以保障增值服务可以带来持续性的收入和回报。

在网上能够长期免费的产品，往往具有数字化和低复制成本的特点，即产品一经开发成功，便只需要简单的复制过程就能生产出无限制的复制品，边际成本甚至低至零；加之依靠互联网推广，其营销成本也很低，使其总成本增长有限。所以，企业要考虑当免费价格吸引了大量用户、销售量大涨之后，企业的边际成本与总成本是否会随之大幅增长，最终能否保证企业盈利。

应用免费策略的企业往往是急于占领市场的新企业或新产品。在实行免费价格的初期、未收到市场回报之前，产品肯定是亏本的，所以企业要有资金储备以维持一段时间内的经济亏损。

2. 拍卖竞价策略

当前电子商务中，发展比较快的领域就是网上拍卖。有关经济学家认为：拍卖竞价是促使市场形成最合理价格的最有效的方式。这类策略是由消费者自身通过互联网轮流公开竞价，在规定时间内价高者赢得。

根据供需关系，网上拍卖竞价方式有：第一，竞价拍卖；第二，竞价拍买，是竞价拍卖的反向过程，消费者提出一个价格范围，求购某一商品，由商家出价，出价可以是公开的或隐蔽的，消费者将与出价最低或最接近的商家成交；第三，集体议价。

网络团购属于“集体议价”方式，即由多个买主组成一个消费团体统一向卖家出价。

3. 低价定价策略

现代市场营销倾向于以各种策略来消减消费者对价格的敏感度，避免恶性价格竞争，但价格仍然是影响消费者购买的重要因素。

（1）直接低价。

直接低价即采用成本导向定价法，直接将产品价格定得低于同行。

（2）折扣低价。

这种策略是指在原标价基础上标出一定的折扣优惠。这种方式能造成一种对比的效果，使顾客对降价幅度一目了然，从而刺激其购买欲望。

（3）促销折扣。

这是为推广产品采用的临时促销策略。常见的方式有：有奖销售、附带赠品等。

4. 捆绑定价策略

捆绑定价是将不同的产品组合在一起，以一个价格出售，即销售的是产品组合而不是单个产品，捆绑价格一般小于单品价格之和。网络上常见的方式有：第一，同质的混合产品组合；第二，互补式产品组合。

5. 特殊定价策略

特殊定价策略是指对稀有产品采取特殊的价格，不必考虑其他竞争者，只要按卖家自己最满意的价格制定即可。

这种定价策略适合于某些纪念物或者具有特殊收藏价值的商品。

四、网络营销促销策略研究

（一）网络促销概述

1. 网络促销的本质与特点

网络促销是在传统的线下促销理论基础上发展起来的，它们的本质都是一致的，即出于销售的目的，企业与消费者之间进行的信息沟通活动。

一般来说，网络促销要达到三个方面的作用：第一，提供信息，企业通过网络渠道将品牌、商品和服务的信息传达给目标客户，收集并评估客户的反馈意见，据此调整企业的营销策略和下一次促销活动；第二，突出特点，在竞争激烈的网上市场中，企业的促销活动要着重突出品牌定位、企业资源、价格等方面的差异化特征，使目标客户了解产品和服务会给他们带来的特殊利益，提供客户的兴趣；第三，促进需求，不断加深企业和产品的目标客户心中的印象，提高客户的忠诚度，从而达到稳定和提高销售量的最终目的。

2. 网络促销的特点

互联网上的信息在全球范围内快速传递，突破了传统促销方式下的时空限制，信息受众广泛，使企业的促销成本大幅度降低，而宣传效率却成倍增长，一条信息可在一天内传播全中国，这种效果是传统促销方式所难以企及的[①]。

由于网络信息透明化，网上的消费者对信息的掌控和辨别能力与以前相比有了很大提高，消费观念更趋向于理性选择，消费者对企业和产品的忠诚度被弱化，这势必加大了促销信息说法客户的难度。网络的交互性特征也要求企业必须重视网上客户的信息反馈，强调客户体验和参与。

与传统的线下促销不同的是，网络促销中企业与客户不直接见面，完全利用计算机通信技术来交流彼此的思想和意愿。互联网世界的共识是：大的流量与点击数就意味着被公众关注，这是进行一切营销活动的前提。

3．网络促销对象

（1）产品的使用者。

产品的使用者这里指的是实际使用或消费产品的人，实际的需求构成了这些顾客购买的直接动因，抓住了这一部分消费者，网络销售就有了稳定的市场。

（2）产品购买的决策者。

在许多情况下，产品的使用者和购买决策者是一体的，特别是在虚拟市场上更是如此，因为大部分的上网人员都有独立的决策能力，也有一定的经济收入。

（3）产品购买的影响者。

在看法或建议上对最终购买决策可以产生一定影响的人，在低价、易耗日用品的购买决策中，产品购买的影响着的影响力较小，但在高价耐用消费品的购买决策上、影响者的影响力较大。

（二）网络促销组合

1．网络广告

网络广告又称电子广告，指企业购买互联网媒体发布产品或服务信息，

[①] 尹瑞林．网络营销理论与实务[M]．北京：人民邮电出版社．2011：165．

是传统广告在网络上的一种延伸。

2. 站点推广

企业利用各种网络工具和营销手段吸引网上流量。扩大自己站点的知名度，以达到宣传企业、宣传产品的效果。

3. 销售促进

企业为提升销量而在网上采取的奖励购买的措施。

4. 公共关系

企业充分利用互联网的交互性特征，树立企业的良好形象，提高知名度，建立与客户和社会公众间的和谐关系，以营造有利的经营环境。

（三）网络促销的实施步骤

1. 确定促销对象

企业实施网络促销活动前，必须准确定位所服务的消费者群体。通过市场调查了解目标客户的需求，站在客户的角度去考虑他们会采用哪些搜索方式、哪些消费习惯等，并据此选择人群、主题等最适合的网站及最适合的方式做宣传。

2. 确定促销目的

促销是为了传递信息，其最终目标与企业的整体营销目标是一致的，都是为了成功地达成交易。但对于每一次的具体促销活动，情况不同，促销的目的也是不同的。

3. 决定促销组合

促销目的影响促销组合的选择。如果网络促销的目的是希望快速提升销量，那么企业就要再短期内加快信息传递，所采用的促销组合方案便侧重于网络广告并配合销售促进措施。如果网络促销的目的是树立品牌形象，那么企业就应当坚持长期持久的信息传递，所采用的促销组合就应侧重于站点推广和宣传报道，以图建立广泛的公众关系。

4．制定方案并实施

促销活动的方案一般包括促销对象、促销活动目的、财务预算、人事和时间安排等，还要预先估计某些意外情况的发生或者竞争对手的反应，并制定应对措施。

5．评估促销效果

促进效果评估包括事前评估、事中评估和事后评估。评价主要依赖于两个方面的数据：第一，网站的各种技术指标统计；第二，对市场实际效果的调查。

五、网络营销渠道策略研究

（一）网络营销渠道的概念分析

1．什么是营销渠道

通常，营销渠道是指商品流通渠道，即商品从生产者那里转移到消费者手里所经的通道，包括产品的销售途径与产品的运输和存储。传统的营销渠道，不仅包括消费者和生产者，而且有时还存在许多独立的中间商或带来中间商。

2．网络营销渠道的概念

网络营销渠道是借助互联网将产品从生产者转移到消费者的中间环节，它一方面要为消费者提供产品信息，方便消费者进行选择；另一方面，在消费者选择产品后要能完成一手交钱一手交货的交易手续。与传统的营销渠道相比，网络营销渠道的结构要简单得多。

（二）网络营销渠道的功能及类型

1．网络营销渠道的功能

（1）订货功能。

在企业的网络订货系统上，发布着本企业的各种产品信息，方便消费者查阅，同时也有利于厂家对消费者的需求信息有一个大致的把握，以达到供求平衡。

（2）结算功能。

网上购买商品之后，消费者可以自由地选择多种方式进行付款，而厂家也应相应地有多种结算方式。

（3）物流配送功能。

消费者在网上成功购买商品后，商家将产品从产地运送给消费者的实际流程，就是物流。该功能既满足了网购消费者的需求，又保证了企业的盈利。

2．网络营销渠道的类型

（1）直接营销渠道。

这种渠道指的是在网络上直接由商品的生产者将产品销售给顾客的一种方式，一般适用于大宗商品交易和产业市场的B2B交易模式。

在网络直销渠道中，生产企业可以单独建立一个电子商务网站，为消费者提供直接订货服务，同时还可以与一些有关的电子商务服务机构进行合作，直接在网上实现支付结算，简化了过去资金流转的问题。其优点有：第一，生产者能够直接接触消费者，获得第一手的资料，开展有效的营销活动；第二，省略了经销商和营销上网等中间流通环节，节约了买卖双方的费用，使经济效益得到了有效的提高；第三，企业可以直接利用网络聊天工具与消费者进行联系，以便对用户需求什么样的产品、对产品有什么意见等问题及时沟通了解，进而有针对性地提供技术服务，改善产品的质量，调整企业的经营管理策略。

（2）间接营销渠道。

该渠道是指生产者不是直接在自己的网站上销售商品，而是通过特定的中间商机构，在融入了一些互联网技术之后再将产品销售给最终用户。间接营销渠道一般适用于生活资料和小批量商品的销售，它的优点在于：克服了直接营销渠道的缺点，将网络商品交易的中介机构参与进来，使其成为连接买卖双方的关键纽带。

（3）双道法。

“双道法”即企业同时使用以上两种渠道，以最终达到网络销售量最大的目的。因为在网络市场条件下，对消费者来说，往往两条渠道并用比只通过一条渠道效果更好，更容易实现“市场渗透”①。

（三）网络营销的渠道建设研究

1．网络营销渠道建立的要素研究

（1）产品特性。

在进行网络销售渠道的选择时首先要注意产品的特性。有少数产品易于数字化就适合直接的网络传输进行销售，以节约时间；有些产品的选择性不强，不能让消费者产生很强的购买欲，要适当协调；而有些有形产品或部分无形产品，虽然具有较强的选择性，但又必须通过传统的配送渠道才能实现货物的空间转移。

（2）目标市场。

企业在设计营销渠道时应考虑目标消费者的特性。

（3）企业自身实力。

一个企业，其自身实力的大小，可选择的网络营销渠道也自然不同，主要包括两个方面：资金实力和技术实力。倘若一个企业的技术实力很强大，可以通过开办自己的专属网站进行营销，而该网站又能够更好地为本企业的其他项目服务；反之，倘若一个企业的实力不强或很弱，则应该选择专门的网络中介商来进行营销和其他业务更为划算。

（4）渠道成员。

企业在建立间接的网络营销渠道时，要涉及网络中介商的五大因素：第一，成本，使用中介商信息服务时的支出；第二，信用，网络信息服务

---

① 尹瑞林．网络营销理论与实务[M]．北京：人民邮电出版社．2011：208．

商所具有的信用程度的大小；第三，覆盖，网络宣传所能够波及的地区和人数；第四，特色；第五，连续性，网络发展的实践证明，网络站点的寿命有长有短。

2. 网络营销渠道的建立分析

网络营销是一种技术手段的革命，而且包含了更深层次的观念革命。网络营销赋予了营销组合以新的内涵。其主要做法为：第一，设立产品展示区，将产品图像进行电脑技术设计，通过立体形象的方式展现在网络用户面前；第二，选择合适的销售代理，网络营销面对全球顾客，企业必须再各国建立相应的代理网点；第三，网络营销与银行结算联网，开发网络结算系统。

在传统的运行方式下，企业在了解消费者的需求及发行潜在消费者方面有一些不可逾越的鸿沟，而在网络营销方式下，在互动沟通过程中可以实现信息对称，不受任何外界因素干扰，从而使得产销之间实现一对一的深层次双向沟通。

3. 网络营销渠道的完善分析

（1）从消费者角度分析。

一个企业的网站，要想吸引消费者来进行购物，必须采用他们容易接受的方式、并让他们真正放心才行。要做到这点，就需要满足以下几点：精美的界面设计、明确的购物和联系方式、详细的企业介绍和产品介绍等。

具体来说，完美企业网站应做到：第一，订货系统简单明了；第二，提供产品搜索和分类查找功能；第三，对于不安全的直接结算方式，应换成间接的安全方式；四，完善配送系统。

（2）从企业角度完善渠道。

企业在应用过程中应不断完善自身的网络营销渠道，以吸引更多的消费者。

第一，结合相关产业的公司，共同在网络上设点销售系列产品；第二，在企业网站上设立虚拟店铺；第三，网络营销渠道再造，可分为价格入市、运作分销商、符合渠道、终端管理、渠道促成五个基本部分。

六、网络营销服务策略研究

（一）网络营销服务策略的内涵研究

网络营销服务是借助互联网技术可以更好适应顾客的个性化需求发展需要，提高顾客满意度，满足顾客的更高要求，进而培养顾客对企业或产品的忠诚度。正所谓："顾客就是上帝"，让顾客满意是网络营销服务的本质，也是评价网络营销服务质量好坏的唯一标准。而怎样才能让顾客满意，就是企业要考虑的问题。那就是要满足不同顾客的不同需求，倘若企业能够为顾客提供满足其更高层次需求的产品或服务，那么顾客的满意度自然就相应地提高了。

（二）网上产品服务研究

网上产品的服务，按照顾客与企业或产品发生关系的阶段，依次分为三个阶段：销售前阶段、销售中阶段和销售后阶段。相应地，网络营销产品服务也可以划分为以下三种：售前服务、售中服务、售后服务。

根据买卖双方的需求可知，网上售前服务主要提供的是信息服务。该部分内容主要包括：企业可以免费地在网站上发布各种产品的信息广告，描述产品的外观和特性，提供产品样品，提供检验检疫证明等。

网上售中服务提供的主要是网络产品在销售过程中的服务。该部分内容主要是指在产品的买卖关系已经得到确定之后，在等待产品即将送达指定地点的这一过程中的一系列服务。

所谓网上售后服务则指的是利用网上的直接沟通工具，企业可以方便、快捷地满足客户对已购产品的各种帮助、技术支持、售后问题和使用维护的需求等。该部分内容主要包括两类：一是基本的网上服务和产品支持；

二是为了满足部分顾客的附加需求，企业给予的增值服务。

网上售后服务有以下几个特点：便捷性、灵活性、低廉性、直接性。

（三）网上个性化服务策略研究

个性化服务也称定制服务，指的是为少数顾客尤其是特约消费者进行满足其特殊要求的单独服务。该类型的服务一般包括以下三个方面的特性：即服务时空的个性化、服务方式的个性化、服务内容的个性化。

网站风格个性化是指针对网站受众群体的喜好，提供多种可供选择的排版和布局，以适应人们对网站风格个性化的需要。网站功能个性化是通过网站功能设计实现企业网站与竞争者不一样的功能，包括访问流程和后台管理等面向前台和后台的功能差异。

网站系统要能够跟踪顾客的网上行为，并能自动地根据客户行为判断其对内容的喜好，以自适应方式调整网站内容，符合顾客的信息需求模式和获取要求。只适应网站具有调整自己以适应顾客不断变化的兴趣和欲望的能力。考虑顾客在网站上的行为，能够最大限度地精确推荐相关商品和销售信息给顾客，而这些商品和信息很可能对于个别的网站浏览者或个体而言具有很强的吸引力。

第二节　网络营销的管理

一、网络营销管理概念

目前，许多中小企业普遍存在一个网络营销的瓶颈问题：不知道怎样对网站访问的统计数据进行分析，因此不能做出适当的调整以改进营销策略。大部分的网站经营者只知道利用搜索营销为自己带来希望的访客量，但是却不知道怎样将网站的访客量转变为本企业产品的销量。

在整个网络营销活动中，从始至终贯穿着网络营销管理。它包含着繁复多样的内容，不仅在每一项网络营销职能中涉及多种具体的网络营销管理内容，而且在网络营销的不同阶段，也会有不同的网络营销管理的实现手段和任务。

二、网络营销管理的分类研究

（一）根据网络营销管理的形式划分

根据管理学的研究方法和形式，我们可以把网络营销管理分为以下几类：①网络营销人士管理；②网络营销计划管理；③网络营销组织管理；等等。其中，这每一类管理职能中又包含了许多具体的网络营销管理工作，对应于每一步网络营销策略的具体实施。

（二）根据开展网络营销的阶段划分

根据网络营销的开展阶段，我们可以将其管理分为以下几个类别：①总体策划阶段的管理；②准备阶段的管理；③效果控制与评价管理；等等。

（三）根据网络营销的基本职能划分

根据网络营销的职能，我们可以将其管理分为以下几个类别：①网络品牌管理；②网站推广管理；③在线顾客关系管理；④网上市场调研管理；等等。

（四）根据网络营销工作的性质划分

根据网络营销的工作性质，我们可以将其管理划分为以下几个类别：①单项网络营销管理；②阶段性网络营销的管理；③连续性网络营销的管理。

（五）根据网络营销工作的内容划分

根据网络营销的工作内容，我们可以将其管理分为以下几个类别：①基础环境管理；②产品和服务管理；③网站流量统计管理；等等。

三、网络营销管理的一般内容

现常用的网络营销管理内容是根据网络营销八项基本职能分类：①网络品牌管理；②信息发布管理；③网站推广管理；④在线顾客关系管理；⑤网上销售管理；⑥在线顾客服务管理；⑦网上市场调研管理；⑧网上促销管理。

第三节　网络营销实施的效果评价

一、网络营销效果的评价体系

（一）网络营销评价的概念

1. 概念

运用从定性到定量的综合集成方法和技术，对开展网络营销企业网站的各个方面的数据进行加权处理和分析，以期评价网络营销的综合效果。网络营销效果综合评价既是对一个时期网络营销活动的总结，也是为制定下一阶段网络营销策略提供依据。

2. 作用

通过网络营销系统的执行过程的评价，了解网络营销实施的效果，网络营销战略与公司目标战略是否匹配，形成对系统的各个执行部分的监督和检查，激励系统正常持续地发展。

通过对网络营销系统运行状况的评价，检查网络营销系统运行状况与系统标准之间的差异，网络营销的目标是否达到，并且及时修正，以确保网络营销系统的政策运转，以及在网络营销中计划要达到的营销沟通目标的具体实现、网络营销企业长期有效的发展等。

（二）评价网络营销效果的步骤分析

1. 确定网络营销目标

（1）销售型。

销售型网络营销目标是企业希望借助网络的交互性、直接性、实时性、全球性和便利性拓宽企业的销售渠道，同时为顾客提供方便快捷的网上销售点，换句话说，目的是利用网络站点的广告宣传，直接促使消费者成为购买者，以增加公司的销售额。

（2）品牌型。

在网上简历自己的品牌详细，宣传企业或提高企业品牌知名度，加强与消费者的直接联系与沟通，建立品牌忠诚度，为企业的未来发展奠定基础。对他们而言，多媒体信息的一致性就意味着成功，就算是达到了营销目标，而最终的成功取决于用户对企业关键信息的意识和对企业产品的偏好。

（3）服务型。

为消费者提供网上联机服务，消费者通过网上服务人员可以远距离进行咨询和售后服务。目前，大部分信息技术型公司都建立了此类站点，这类公司以顾客电话等候时间的减少和得到公司有效帮助的顾客人数的增加来衡量成功。

（4）混合型。

主要是以上三种类型的组合，以同时达到上面几种目标。通过网络营销，全面降低营销费用，改进营销效率，促进企业的营销管理和提供企业的竞争力。

2. 确立网络营销的评价标准

标准的类型取决于网络营销计划的目标，可以将目标设计成由上到下的形式，由对业务有贡献的目标开始，到获得消费者满意的营销结果、行为和网站推广等目标。

（1）交易效果的评价。

评价网络如何对整个交易产生影响、对交易有什么贡献，这包括渠道营利性评价。

（2）营销效果的评价。

营销效果评价将揭示电子商务网站在多大程度上实现了营销目标。这主要是渠道满意度和渠道产出评价。

（3）网络营销效果的评价。

网络营销效果评价是评价用于有效网络营销所需的在线网络营销技术工作效果如何，这包括渠道促销、渠道行为和满意度等。

3. 选择评价网络营销工作的基准点

网络营销评价工作是一个相对的过程，这样就需要选择一个比较的基点。基准点的选择有多种形式，比较自己和竞争对手、比较本公司的现在和过去等，都可以据此得出较为客观、公正的结论。

4. 比较网络营销效果与目标

根据确立的评价目标和评价标准，来判断和检查网络营销的实际效果，及时找出问题和差距，与企业总体营销战略的评价相结合，从而促进下一阶段网络营销系统的正常运行。

5. 制定评价报告和控制方案

网络营销效果评价报告应该包括：评价目的，所选的评价标准体系、收集结果数据和数据分析、综合分析和评价、存在的问题。

二、网站建设专业性的评价

（一）评价指标的类型

1. 主观指标与客观指标

主观性指标是对评价对象某方面特征的主观感受如网页设计是否美观，网站的易用性、可信度等。评价主体样本的选择比较困难，客观性指标受人为因素影响较少，收集、统计和比较都比较方便，但选择、设计标准难度较高，适用范围也有限。

2. 内在指标与外在指标

内在指标是评价对象本身所具有的属性和功能；而外在指标是反映的

是内部属性的表现，也就是它所产生的效果，是用户以自身反馈对其的评价。内在指标强调网站自身属性和发展潜力，外在指标则反映现实的效果和市场反应。因为评价目的和对象不同，两种指标的重要性也不一样：内在指标更多强调的是评价主体的意志，通过内在指标的设置来规范网站行为，外在指标则强调用户感受、反映对用户的友好程度。如果评价目的是了解用户喜好，则可以给予外在指标较高的权重；如果评价是为了引导网站规范建设则应该更强调内在指标。

（二）网站建设专业性评价的方法

1．主观评价

主观评价是指依靠人的主观判断来评价网站的优劣，专家评价和用户问卷调查是常用的两种方式。专家评价法有集思广益的好处，它能够对各个被选网站进行全面综合的评价，不过也有一定的局限性：能够集中的专家团人数有限，导致代表性不够全面；有些专家的倾向性无法避免等，这些缺点都会对整个评价结果的公平公正造成影响。问卷调查通常有抽样调查和在线调查等形式。

2．客观评价

客观评价是指通过测评网站实际运行情况来判断网站的好坏，当前一般用的就是网站流量指标进行统计。它是利用特定的一个软件对访问量进行的统计。

（三）网站综合评价指标体系的设置

1．网站技术

网站技术涉及网站的功能，如搜索、运行和展示等。企业可以利用专业的在线网站评测工具和先进的技术手段等，去评估网站的响应时间、搜索时间、规范性和兼容性等技术要素以及网站所具有的其他功能。

2．网站内容

一个网站的主要构成因素和核心就是该网站的内容。每个登录网站的用户无不是为了想要得到他们所需的内容。同时，网站是否具有可靠性是消费者能否信任其提供的内容，是否愿意浏览网站的关键。

第一，是否提供了用户需要的详尽信息，如产品介绍、售后服务和服务承诺等，所提供的内容是否真实准确？如果网站信息内容具有很强的可用性，则可以大大缩短用户搜索信息所花费的时间，提高用户的使用效率。相反，如果网站的内容不能保证一定的准确性，则会大大降低用户对该网站的信任度。

第二，网站内容能否及时更新，对于过期的信息能否及时予以处理？要知道，用户不会费时间去浏览过时的、重复的内容，他们没必要把时间浪费在一个已经了解或掌握的信息中，因此网站管理者要及时、快速地更新本网站的内容。

第三，网站的内容能否满足目标用户的需要。建立网站就是为了满足客户的需求，因此，客户需要什么，网站中一定要尽量提供，而且要准确、详尽、全面地提供，否则目标用户只会慢慢流失。

3．网站运营

这是在网站发布以后的诊断和评价，及时发现运营过程中出现的问题，进行适时地调整和改进。

（四）网站访问量的主要指标

1．网站流量指标

网站流量统计指标经常用来对网站经营成效进行评价，其中包括的主要指标：第一，独立访问者的数量；第二，重复访问者的数量；第三，页面浏览量；第四，每个访问者的页面浏览量；第五，一些具体页面或者文档的相关指标。

2．用户浏览网站的方式

用户浏览网站的方式其中包括的主要指标有：第一，用户上网硬件设备类型；第二，用户使用的浏览器的名称及版本；第三，访问者使用的电脑的分辨率显示模式；第四，用户所使用的操作系统名称及版本；第五，用户所在地理区域以及分布情况等。

3. 用户行为指标

用户行为指标主要反映了用户是怎样进入该网站的、在网站上停留了多久、访问了哪些页面等，其中包括的主要指标：第一，用户在网站上的停留时间；第二，用户的来源网站；第三，用户所使用的搜索引擎及其关键词；第四，用户在不同时段的访问量情况等。

三、网络营销的评价方法

（一）BizRate 评价法

BizRate.com 号称是第一电子商务门户网站，公司成立于 1996 年，它采用的是“在线调查法”进行对各个电子商务网站评比之后的所有资料的收集。这些收集来的所有资料均是对真实顾客的一对一的在线调查。

BizRate.com 从网上购物者那里不断收集、掌握哪些商店好，好在什么地方以及每天的服务如何变化等信息，可以根据消费者的特殊需求找出最合适的网站。

（二）消费者在线报告评价法

消费者在线报告由消费者联盟发布管理，消费者联盟是一个独立的、非营利性测试和信息组织。消费者在此案报告评价法对电子商务网站的评价与传统产品评价方法类似，采用研究人员观察法，即对被评价网站的主要方面进行评价，包括：第一，网站流量、销售额、网站政策；第二，使用方便性；第三，网站内容。

（三）Forrester 强力评比法

该方法通过公正的专家分析、在线消费者调查、站点表现的统计数据三者的强力结合，进而对某个站点进行客观、全面的评价。该方法能够帮助消费者做出更好的购买决策，而且还能给该企业网站的经营努力做一个公正的评价。

Forrester 强烈评比方法是采取专家实际购物测试与消费者调查资料相结合的方式，两类数据结果将赋以权重，消费者的资料为 2/3，而专家购物资料为 1/3，最后得分以百分制表示。

（四）直接回复网址的网络营销评价法

直接回复网址评价法是网络营销测试中常用的方法，是从网络营销的直复功能出发开发的一种网络营销评价方法。其设计思路是：利用网络即时、互动的特性得到顾客的实时回复。

直接回复网址法的步骤：第一，选择目标市场，即针对某一营销举措选择合适的测试对象；第二，给出优惠条件，以使访问者乐于回复测试提问；第三，信息分流；第四，测试、评价并采取相应的改进或优化措施。

第六章　网络营销及推广技术

第一节　搜索引擎营销

一、搜索引擎对网络营销的价值

一直以来，网络营销最重要的内容之·是搜索引擎，对于网络营销来说它极其重要。

为什么搜索引擎营销在网络营销中被如此的重视呢？搜索引擎互联网用户获取信息最为主要的信息之一，它经常作为一种工具推广网站，它的主要目的之一是为网站带来潜在的客户。不过，对于网站来说搜索引擎的价值表现在很多方面，并不局限于网站的推广这一方面。现在搜索引擎营销方式是大多数中小企业的网络推广的主要依赖，搜索引擎在这一方面的作用应该得到充分的肯定。但是另一方面却表明企业片面的认识了搜索引擎的营销价值，需要进一步挖掘搜索引擎的网络营销价值。

在网络营销中搜索引擎的作用主要表现在六个方面：网站推广、网上市场调研、产品促销、网站优化的检测工具、抵御性策略、网络品牌。

（一）搜索引擎对网站推广的价值

为用户发现网站信息并来到网站创造机会是网站推广的主要目的是。信息获取的方式有许多，但是用户信息获取最主要的渠道还应该数搜索引擎。这也就是说引擎室网站推广最有用的工具之一。一个设计专业的网站，通过搜索引擎自然检索获得的访问量占网站总访问量的 60%是很正常的现象，有的网站甚至超过了 80%，或者比例更高。许多网站采用方式都是自然检索与付费搜索引擎关键词广告两者相结合，获得了不错的效果。当然这并不是说每个网站设计都为搜索引擎提供最大的方便，这是因为如此，搜索引擎对网站的推广价值与网站建设的专业性的关系非常大。有些网站已经发布了很多年，以公司名称作为关键词也不能通过搜索引擎检索到网站信息，这样自然就无法通过搜索引擎达到推广网站的目的，本书用较多的篇幅研究企业网站问题的原因也正在于此。

（二）搜索引擎对网上市场调研的价值

对企业来说，不管是想获取行业一些信息、对国际市场动态节能型掌握，还是分析竞争对手，搜索引擎作为一种市场调研工具，是十分具有价值的。企业通过搜索引擎对于竞争者的动态可以迅速地了解，可以较为方便的获得竞争者的产品信息、用户反馈、市场网络等公开信息。首先通过搜索引擎对初步信息进行了解，然后再通过专业的网站对其分析和跟踪，这样就能对行业竞争状况做出理性的判断。

（三）搜索引擎对产品促销的作用

针对不同的产品在不同的时节开展促销，不仅要在企业网站上充分体现出产品推广意识，而且科学合理利用搜索引擎可以实现更好的产品推广目的。一般来说，用户以“产品名称”或者“品牌名+产品名称”“品牌名+产品名称+购买方式”等关键词进行检索时，就已经表明他们对产生了对该产品的购买意向，这也就是说通过搜索引擎检索结果页面是有针对的对产品进行宣传，这样的推广效果会更好。在用户购买产品之前，尤其是购买住房、汽车、电器、数码产品等高价值产品之前，一种普遍现象是，用户往往先以互联网的方式获取初步的产品信息。在这个过程中，取着至关重要作用的是搜索引擎。可以说搜索引擎是十分有效的产品促销工具，这种促销的效果对于网下销售和网上销售具有同样重要的意义。

（四）搜索引擎作为网站优化的检测工具

网站的优化分析常常需要使用一些经常应用的搜索引擎优化检测工具

以获得网站在搜索引擎检索结果中的表现，例如网站被搜索引擎收录网页数量、网站的 PR 值检查网站链接数量等。但实际上，是搜索引擎优化工具不能反映一些搜索引擎的优化问题，而只能在小范围内对指标状况有所放映。因为搜索引擎不同，对网页的索引和排名算法也随之不同，而且搜索引擎的算法也处在不断地变化之中。其实搜索引擎是最直接、最全面的网站优化工具。因为全部的搜索引擎优化工具都不能像搜索引擎本身一样提供更加直接、更加详细的信息。通过搜索引擎检索结果进行分析是研究网站搜索引擎优化状况最为有效的方法之一。

（五）搜索引擎营销的抵御性策略

一个搜索引擎如果其用户友好，那么它给使用者带来的信息就更加丰富，但是用户对检索结果信息并不是十分的关注，通常在检索结果要想被用户发现，必须出现在前三页才可能有这样的机会。这就意味着，在检索结果中同样一个关键词被用户发现的机会是非常有限的，即相对稀缺的是搜索引擎推广资源。利用这一特点，可以设计合理的抵御性策略，使竞争者获得的推广机会减少，例如同一企业的多产品广告、搜索引擎检索页面固定位置的广告，以及多个网站为同一家公司服务的策略等。

（六）搜索引擎对网络品牌的价值

品牌疑是企业的最为重要的资产之一，单从营销方面来讲，网络品牌综合体现了企业网络营销活动，如网站的各种网络推广活动、企业网站建设的专业性、企业域名选择的合理性等。在网络品牌建设过程中，不能忽视搜索引擎的作用。主要搜索引擎应该收录（即增加网站的搜索引擎可见度）企业的网站信息，获得一些机会从而被用户发现，否则纵然网站做得再好也无法体现企业的品牌形象。可见，搜索引擎与企业网站设计及网络广告、网络公关等活动产生的品牌效应不同，营销人员的策划不能完全体现网络品牌的价值，其价值同时也取决于、搜索引擎的信息处理方式、用户信息检索行为等，因此，实现搜索引擎营销的品牌价值是一个综合活动。

二、搜索引擎营销的主要模式

搜索引擎营销常用的方法有三种基本形式：搜索引擎登录和排名、搜索引擎优化、关键词广告。每种方法都有其鲜明的特点。

（一）搜索引擎登录和排名

搜索引擎的登录方式很容易，一般情况下根据的提示一步一步填写就行了。一般来说，搜索引擎需要的主要内容有：网址（URL）、网站的名称、网站描述、关键词、联系人信息等内容。如果搜索引擎需要人工审核才能收录网站，当管理人员会对用户提交的信息进行审核，通过访问网站，判断提交的内容是否是真实的，以及用户所选择的类别是否合理，以此为依据来决定是否收录该网站。搜索引擎一般在几天到几个星期之后，数据库更新时显示新收录的网站。如果网站因为在提交时还没有完成建设，或因质量原因被拒绝登陆，那么要想过一段时间再次提交就必须进行改进。

（二）搜索引擎优化

搜索引擎优化（Search Engine Optimization，SEO）是指网站工作人员使网站的设计质量提高，从而适应搜索引擎的计算法则，利用 Google 等技术型搜索引擎进行推广，通常搜索引擎无须自己登陆，主要是通过一些已经被搜索引擎登录网站的链接让搜索引擎自动发现自己的网站。在以蜘蛛（或称机器手）检索为标志的技术型搜索引擎（如 Google 等）中获得了很好的名次，较提交到分类目录型搜索引擎要难得多，网站被录用与否，以及排列的位置与网站的质量密切相关，为此值得注重的是引擎的优化设计。最重要的搜索引擎营销策略就是搜索引擎优化，正如一个网络营销实践者所讲的，如果能使得自己的网络在左边被搜索者发现（指 SEO），为什么要让它跑到右边（指使用搜索引擎广告）呢？要知道网络在搜索者的左边出现和在右边出现，其营销效果是大不一样的。通常情况下，Google 搜索结果左侧前十名内的点击率是右侧广告信息的 50 倍以上，而通过 Google 左侧排名，推广的效果是右侧广告的 50 倍以上。由此可见，进行搜索引擎优化的营销效果要比搜索引擎广告好。[①]

（三）关键词广告

目前收费搜索引擎营销的主要模式之一就是关键词广告，它也是当前发展速度最快搜索引擎营销模式。关键词广告与一般网络广告是有所不同的，关键词广告出现的位置不是固定在一定的位置。搜索引擎不同关键词广告业不同，出现在搜索结果列表最前面大多是付费关键词，但是这一部分也有的出现在搜索引擎结果页面的专用位置。对于一家企业而言，当然是期望最多的还未被挖掘的客户通过一定的形式的渠道用最短的时间找到你，而这在搜索营销中则反映为所选择的关键字是否正好迎合了用户特定的搜索目标。用户在查找服务信息或产品时，搜索的条件通常是产品服务的特有名称、行业名称，甚至是公司名称等，而我们搜索营销的诉求点正是这些搜索条件。因此可以说，影响企业的营销推广的关键因素是关键字。关键词广告就是充分运用搜索引擎资源进行网络营销的一种手段，它是付费搜索引擎营销的主要形式之一，关键词广告因为有一系列优点而受到用户的欢迎，并且还是在搜索引擎营销中它是发展最快的一种方式。关键词广告的特点主要有以下几个方面。

三、搜索引擎营销的效果分析

（一）影响搜索引擎营销效果的因素

搜索引擎营销效果是由多种综合因素的影响决定的，如搜索引擎优化取决于网站结构、网站内容、网页格式和网页布局、网站链接等多种因素，而搜索引擎关键词广告的效果受关键词选择、关键词价格制定、广告内容

① 孔伟成，陈水芬，罗辉道等．网络营销的理论与实践[M]．北京：电子工业出版社，2009：188．

设计水平、广告着陆页的内容相关性、行业竞争状况等因素的影响。因此，从这些难以穷尽的因素中找出影响搜索引擎营销效果的主导因素是比较困难的。

搜索引擎营销的基本出发点是以让网站获得在搜索引擎中出现的机会。当用户检索并发现网站／网页的有关信息时，可以进一步点击到相关的网站／网页进一步获取信息，从而向用户传递营销信息的目的得以实现。由此可以知道，搜索引擎营销效果的影响因素可以从三个角度来研究：被搜索引擎收录和检索到的机会、企业网站建设的专业性、被用户发现并点击的情况。每个方面会有具体的不同的因素在发挥作用。

在前面的搜索引擎优化的内容中，我们说过一些可以增强搜索引擎效果的方法，下面将影响搜索引擎营销的相关因素进行归纳，以便进一步加深对搜索引擎营销基本思想的理解，并在实践应用中参考。

1．网站设计的专业性

企业开展搜索引擎营销的基础是网站，用户检索获取信息的最终来源是网站上的信息，网站设计是否专业，尤其是对搜索引擎和对用户的友好性对搜索引擎营销的最终效果产生直接的影响。从本质上来说，搜索引擎优化与网络营销导向网站建设是一回事，两者不仅指导思想一致，而且很多具体工作内容也是一样的。

2．搜索结果对用户的吸引力

仅在主要的搜索引擎上进行登录并不能保证企业的网络营销取得实质性的效果，搜索引擎返回的结果有时数以千计，绝大多数检索结果都将被用户忽略。即使排名靠前的结果也不一定能获得被点击的机会，关键还要看搜索结果的索引信息（网页标题、内容提要、URL 等）是否能够获得用户的信任和兴趣，这些问题仍然要回到网站设计的基础工作上才能解决。对搜索引擎广告也是同样的道理，如果关键词广告设计难以吸引用户注意，或者广告信息出现的位置不够理想，也很难取得明显的效果。因此，搜索引擎营销不应该只是关注搜索引擎本身，同时也要使用搜索引擎的行为对用户进行研究。

3．网站被搜索引擎收录和检索的机会

如果企业的网站在任何一个搜索引擎上都无法检索到，那么它就无法从搜索引擎获得新的用户。网站被搜索引擎收录不是自然而然发生的，需要用各种有效的方法才能实现这个目的，如常用的搜索引擎登录、搜索引擎优化、关键词广告等，同时还要对搜索引擎进行优化设计，以便在搜索引擎中获得好的排名。需要注意的是，搜索引擎营销不是针对某一个搜索引擎，而是针对所有主要的搜索引擎，需要对常用的搜索引擎设计针对性的搜索引擎策略，因为增加网站被搜索引擎收录的机会是增加被用户发现的基础。

（二）搜索引擎营销效果的评估方式

增加点击率和将访问量转化为收益是搜索引擎营销的目标层次中的两个高层次的目标，其中也涉及搜索引擎营销的效果，即网站访问量和投资收益。目前并没有非常完善的、被广泛采用的搜索引擎营销效果评估体系，因此事实上并不容易做到对搜索引擎营销效果的准确评估。网络营销人员采用多种不同的方式进行评估，主要评价指标包括搜索引擎带来的网站访问量指标，以及用户转化、投资收益率等。

美国一家专业的网站流量统计分析网站 WebTrends 和专业搜索引擎营销服务公司 iProspect（http：//www．iprospect．com）联合发布的一项调查表明，在美国有 41%的企业使用各种搜索引擎营销（SEM）方式。在实施搜索引擎营销的企业中，根据点击率和网站流量指标来评价搜索引擎营销的效果是主要方式，只有 11%的企业采用详细的 ROI 指标分析，如表 5-1、表 5-2 所示。

参与调查的用户主要来自于出席 WebTrends 和 iProspect 这两家公司所召开会议的 800 名人员。在这些实施了搜索引擎营销策略的被调查人员中，有 23%反映搜索引擎营销是营销组合的重要组成部分，35%的被调查者正在进行评估，并对将来的应用表现出强烈的认可态度，另外有 23%的被调查反映他们根本没有采用过搜索引擎营销。

表 5-1　美国企业营销人员评估搜索引擎活动的方法

方法	占比（%）
检测点击率和总流量	41
监测访问转化情况	16
详细的 ROI 分析	11
没有任何评估	31

资料来源：WebTrends and iProspect

表 5-1　美国企业营销人员使用付费搜索引擎活动的情况

付费搜索引擎营销应用现状	占比（%）
正在对付费搜索引擎营销进行评估	35
营销组合中很重要的部分	23
营销组合中很小的部分	18
没有使用 SEM	23

资料来源：WebTrends and iProspect

不久之后 iProspect 又对企业搜索引擎营销人员评估搜索引擎营销效果方式进行了一次调查。iProspect 和市场研究公司 Jupiter Research 通过对 636 个资深搜索引擎营销人员和 224 个资深搜索引擎营销代理公司的调查发现，搜索引擎营销的效果与搜索引擎营销的实施操作人员对广告效果的监测评估直接相关。在调查的企业中，有 81%的企业营销部门会对他们的搜索引擎效果进行专门的评估。而有些企业虽然在每年网络广告预算超过 100 万美元，但是没有评估搜索引擎营销效果的企业只占 8%。而有些企业年预算不到 100 万美元中，但是没有评估搜索引擎效果的企业却占了 22%。可见，投入与网络营销的预算越高，对网络营销效果评价的要求也越高。

上述的调查的结果表明，在搜索引擎营销实施人员的绩效考核的过程中，40%的企业通过实现了多少销售业务的投资收益率（ROI）来考核网络营销人员绩效；50%的企业通过网站流量统计获得的网站访问量数据或搜索引擎排名结果来对他们的工作成效进行考核。这一调查结果与前一次的同类调查相比，采用ROI进行评价的企业比例明显增加。”

网络营销的效果要以全面综合的观点进行评价，其效果不能片面的用网络营销和网站的访问量来直接评价。因为在网络营销中无论那一项工，如搜索引擎优化推广或搜索引擎广告等，所带来的效果（如对网下销售的推动）可能都是多方面的所带来的可能是多方面的效果或者是长期。以搜索引擎营销效果评价为例，如果所用的指标只是短期的网站流量和在线销售，很明显无法正确反映搜索引擎营销的实际效果。

由于考察网络营销对网下销售带来的业绩增长相对难度较高，iProspect和Jupiter Research的研究表明，在对搜索引擎营销人进行绩效考核时综合考虑了线下销售成绩的企业只有20%。iProspect主管搜索引擎自然排名的负责人认为：造成这种情况的原因很有可能是致使搜索引擎营销人并不是非常关心线下销售情况与自己工作的之间的关系，同时企业也会低估搜索引擎的重要性。但必须要认识到，要建立一个非常全面完善的网络营销效果评价体系，要使它非常全面而完善，并不是一件容易的事情。这也难怪许多企业的考核仅仅对一些便于评价的指标来进行，虽然一个评价体系指标并不是十分完善，但是和没有任何评价办法相比较总是有利的。[①]

四、长尾理论对搜索引擎营销策略的意义

长尾理论的基本内容是：只要有足够大地存储和流通的渠道，需求不大或销量不佳的产品所共同占据的市场份额可以和那些少数热销产品所占据的市场份额相匹敌，甚至更大。即众多小市场会聚成可与主流大市场相匹敌的市场能量。

① 冯英健．网络营销基础与实践[M]．北京：清华大学出版社，2007：226-227．

长尾理论可以很好地对用户的关键词检索行为及效果转化进行解释，因此，对制定有效的搜索引擎营销策略的意义重大。比如，用户通过搜索引擎检索的所有关键词中，如果50%的关键词产生了80%的访问量。是不是另外20%的访问量就不值得花费精力关注了呢？事实却恰好相反，因为另外仅带来20%访问量的关键词可能转化率更高。这与“二八”定律所解释的含义是截然不同的。显然，我们有必要更详细的探讨长尾理论及其对搜索引擎营销的意义。

图5-1为搜索引擎观察网站（searchenginewatch. com）资深搜索引擎营销专家丹尼·苏利文（Danny Sullivan）对用户利用100个关键词通过Overture检索时为网站带来的访问量情况。[①]

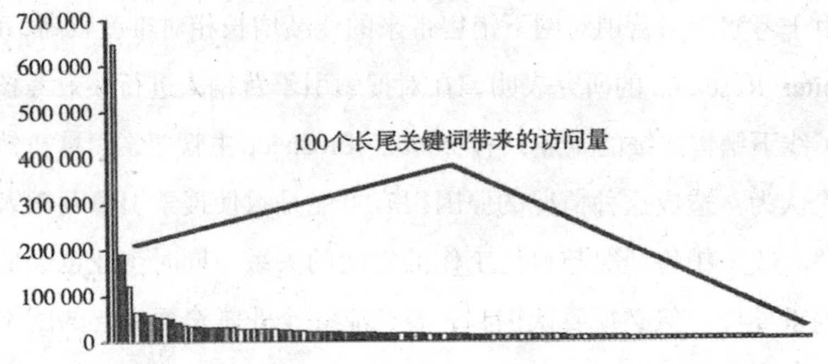

图5-1　100个关键词通过Overture检索时为网站带来的访问量

从上面的图中很容易发现，与“二八”定律不同是，长尾理论中“尾巴”的作用是非常重要的，经营者不能只关注头部的作用。长尾理论现在已经成为一种新型的经济模式，在网络经济领域已经被成功的运用。举例来说，长尾理论就被Google效地利用。Google的AdWords广告使得无数中小企业都能自如投放网络广告，而传统的网络广告投放只是大企业才能投放的领域。其AdSense广告又使得无论企业大小都能自动获得广告商投放广告。AdWords和AdSense因此汇聚成千上万的中小企业和中小网站，

[①] 秦琴，邱娜．网络营销与实务[M]．北京：经济科学出版社，2010：78-80．

其产生的市场能量和巨大的价值足以抗衡传统网络广告市场。如果 Google 只是将市场的注意力放在 20%的大企业身上，那它肯定无法取得今天的辉煌成就。同样，亚马逊的网上零售商品包罗万象，它的成功不只是那些可以创造高利润的少数商品，事实证明，亚马逊模式是成功的，而那些忽视长尾，只是关注部分畅销商品的网站经营状况并不如想象中得那么理想。

有些学者认为，关键词“长尾”为网站所带来的 20%的访问量创造了网站 60%的收益，虽然此数字很难考证，但至少可以肯定的是，把注意力完全集中在少数热门关键词上是远远不够的。何况用户利用搜索引擎关键词检索的行为研究表明，大部分用户并不是仅用一个词汇进行检索，为了获得更为准确的检索效果，往往采用 2—3 个关键词组合来搜索，有些用户甚至采用 5 个以上词汇的组合，这些词汇组合往往就是关键词“长尾”的主要组成部分。

长尾理论对于搜索引擎营销中的关键词策略具有很强的指导作用。虽然少数核心关键词或通用关键词能为网站带来可能超过一半的访问量，但那些搜索人数不多然而非常明确的关键词的总和，即长尾关键词同样能为网站带来可观的访问量，并且这些长尾关键词检索所形成的顾客转化率更高，往往也大大高于通用关键词的转化率。比如，一个利用通用词汇“律师”进行检索到达网站访问者与一个搜索“北京商标权纠纷律师”到达网站的访问者相比，后者更加容易转化成该网站的客户。这也就是研究用户关键词检索行为分散性以及分散关键词策略的价值所在。

第二节　E-mail 营销

一、企业开展 E-mail 营销的基础条件

企业要开展 E-mail 营销需要以下三种基础条件。

（1）技术基础：技术是实现网络营销的基础，企业开展 E-mail 营销的

是指从技技术上保证用户加入、退出邮件列表，并实现对用户资料的管理，以及邮件发送和效果跟踪等功能。

（2）营销内容：通过电子邮件向用户发送营销信息，但是要想引起用户的注意，发送的内容必须是要有价值的，E-mail 营销发挥作用的基本前提是有效的内容设计。

（3）地址资源：E-mail 营销发挥作用的必要条件是在用户自愿加入邮件列表的前提下，获得足够多的用户 E-mail 地址资源。

当具备上述的这些基础条件之后，企业才能开展真正意义上的. E-mail 营销，E-mail 营销的效果才能逐步表现出来。

对于外部列表来说，技术平台是由专业服务商所提供，因此，E-mail 营销的基础也就相应的只有 2 个，即潜在用户的 E-mail 地址资源的选择和 E-mail 营销的内容设计。利用内部列表开展 E-mail 营销是 E-mail 营销的主流方式，也是需要重点讨论的内容。

（一）邮件列表的技术基础

在企业面临的经营邮件列表的基本问题中，发送邮件列表的技术保证是基础中的基础，无论哪能种形式的邮件列表，首先要解决的问题是，如何用技术手段来实现用户加入、退出，以及发送邮件、管理用户地址等基本功能，人们将具有这些功能的系统称为“邮件列表发行平台”。发行平台是邮件列表营销的技术基础，其基本内容包括建立和（或）选择邮件列表发行平台。

经营自己的邮件列表，企业可以选择建立自己的邮件列表发行系统，也可以根据需要选择专业服务商提供的邮件列表发行平台服务，实际中具体采用哪种形式，取决于企业的资源和经营者个人偏好等因素。

一般情况下，邮件列表专业服务商的发行平台无论从功能上还是在技术保证上都会优于一般企业自行开发的邮件列表程序，并且可以很快投入应用，大大减少了自行开发所需要的时间，因此与专业邮件列表服务商合作，采用专业的邮件列表发行服务是常用的手段。当企业互联网应用水平比较低，邮件列表规模不是很大时，并不需要每天发送大量电子邮件时，没有必要自行建立一个完善的发行系统。另外，如果企业的用户数量比较大，自行发送邮件往往对企业的系统有较高要求，并且大量发送的邮件可能被其他电子邮件服务商视为垃圾邮件而遭到屏蔽，这时，专业邮件列表服务的优势更为明显。国外一些发行量比较大的邮件列表，很多也都是通过第三方专业发行平台进行的。但出于对用户资料保密性等因素的考虑，一些电子商务网站因为要发送大量的电子邮件，通常需要利用自己的邮件系统发行。

专业邮件列表发行平台指的是一种通用的邮件列表发行和管理程序，在这种平台中可能要有上千个邮件列表用户。一些第三方邮件列表发行系统存在各种各样的问题，因此，在选择邮件列表发行服务商时需要慎重，同时考虑到将来可能会转换发行商，要了解是否可以无缝移植用户资料，而且还要考察服务商的信用和实力，以确保不会泄露自己邮件列表用户资料，并能保证相对稳定的服务。选择邮件列表专业发行平台时需要对邮件列表发行平台的基本功能面进行必要的考察，满足自己的期望指标，如用户地址管理、注册用户资料备份、邮件内容预览、退回邮件管理、邮件格式选择等。

有时，不同的 E-mail 营销目的和手段还有其他特殊需要，此时，企业应和服务商取得联系，以获得专业的服务。各邮件列表服务商提供的发行平台在功能上会有一定的差别，可根据自己的需要进行比较选择。当邮件列表规模比较小或者要求不高时，免费邮件列表资源也可以作为一种选择，主要用于个人学习和研究，或者小型企业建立邮件列表初期的一种过渡方式。不过，随着免费网络服务的减少，可用的免费邮件列表资源也越来越少了，并且免费服务总是有各种各样的功能限制，或者在邮件列表中插入服务商的广告内容。因此，作为商业网站，建议最好不要采用这种免费服务。

不同发行商提供的服务方式也具有一定的差异，有的发行系统除在网页上完成订阅之外，同时还可以提供利用电子邮件直接订阅或退订的功能，有的则可以提供自动跟踪和抓取等先进技术，有些则允许为用户提供个性化服务，例如用户不仅可以自己设定邮件的格式（纯文本格式、HTML 格式、Rich Media 格式等），而且还可以设定接收邮件的日期，并决定是否允许通过手机或传呼机通知邮件到达信息等。

（二）E-mail 地址资源的获取

内部列表E-mail营销的基础条件之一是获得尽可能多的E-mail地址是，就是尽可能引导更多的用户加入。E-mail 地址是 E-mail 营销最重要的内容之一，它贯穿于整个 E-mail 营销活动之中。在获取用户 E-mail 地址的过程中，如果对邮件列表进行相应的推广、完善订阅流程，并注意个人信息保护等方面的专业性，那么用户加入的成功率就会增加，并且邮件列表的总体有效性也有所增强。

邮件列表的用户数量与网络营销的效果两者直接相关，同时它也是经营中最大的难题。因为对自己邮件的推广找不到一个非常成熟的方法，就算用户来到了网站也有可能无法加入列表，正是因为如此，它推广的困难程度高于一般的网站。要想读者真正认可邮件列表，自己独特的价值才是主要的依靠，为用户提供有价值的内容是最根本的要素，这也是邮件列表取得成功最基本条件，想做到这一点也是相当不容易的。

邮件列表用户的主要来源是网站访问者，所以在很多情况下网站的推广效果与邮件列表订户数量的关系十分密切，通常情况下，邮件列表的最主要渠道是通过网站上的“订阅”框自愿加入的用户，先来到网站是用户可能成为邮件列表用户的前提条件，一个网站如果每天访问的人数很少，那么要想经营一个邮件列表并非一件容易的事情，需要长时间对用户资源进行积累。尽管如此，也并不是说，只能被动地等待用户的加入，企业还可以通过一定的推广措施来主动吸引用户的注意和加入。这些措施主要包括以下内容：①充分利用网站的推广功能；②合理挖掘现有用户的资源；③提供部分奖励措施；④可以向朋友、同行推荐；⑤其他网站或邮件列表的推荐；⑥为邮件列表提供多订阅渠道；⑦请求邮件列表服务商的推荐。

在实际工作中，企业往往容易忽视获取用户资源，这一 E-mail 营销中最为基础的工作内容，也是一项长期性的工作，以至于一些邮件列表虽然建立很久，但是加入的用户却并不多，也就难以发挥出 E-mail 营销的优势，一些网站的 E-mail 营销甚至会因此而停滞不前或就此放弃。可见，应该利用各种有效的方法和技巧来获取邮件列表用户资源，这样才能真正做到专业的 E-mail 营销。

（三）邮件列表的内容策略

当企业拥有了 E-mail 营销的技术和一定数量的用户资源时，就需要将邮件内容发送给用户了（如果采用外部列表 E-mail 营销方式，邮件内容涉及的任务更直接），对于已经加入列表的用户来说，从接收邮件开始就知道 E-mail 营销是否对他产生影响，邮件列表采用什么技术平台用户并不需要了解，列表中到底有多少用户也不是他们所关心的，这些是营销人员应该注意的事情，邮件内容是否有价值是用户最为关心的。如果收到的内容和自己毫无关系，即使加入了邮件列表，迟早也会退出，或者根本不会阅读邮件的内容，营销人员显然不想看到这种结果。

除了不需要印刷、运输之外，一份邮件列表的内容编辑与纸质杂志没有实质性的差别，都需要经过选题、内容编辑、版式设计、配图（如果需要的话）、样刊校对等过程，最后才能向用户发行。但是电子刊物（特别是免费电子刊物）与纸质刊物还有一个很大的区别，向读者传达刊物本身的内容不是电子刊物最终的目的，电子刊物的目的是作为一项营销工具，进行网络营销才是它真正的使命，这些都需要通过内容策略来具体表现。在E-mail营销的三大基础中，邮件内容与E-mail营销最终效果的关系更为直接，影响也十分明显，邮件的内容策略所涉及的范围最广，灵活性也很大，营销人员经常要面对的是邮件内容设计的问题，相对于用户E-mail资源的获取，显得压力更大的是E-mail内容设计制作的任务，因为如果内容部合适，即使邮件列表技术平台再好，邮件列表中用户有再多，有用信息仍然无法传递到用户那里。

二、E-mail营销的效果评价

Email 营销相对其他营销的有时之一就是可以对其效果进行量化评价，在E-mail营销活动中，通过对一些指标的监测和分析，不仅可以用来评价营销活动的效果，并且可以通过这些指标发现营销过程中的问题，并对其营销活动进行一定的控制。

（一）Email 营销效果评价指标

Email 营销效果评价是对企业网络营销活动的一种总结，也是 E-mail营销活动的重要内容之一。无论是采用内部列表开展E-mail营销，还是选择专业E-mail营销服务商的服务，无论是作为企业网络营销策略的一个组成部分，还是作为单独的一项网络营销方案来进行，都需要用一定的指标来评价其效果，因为企业都希望投入的营销资源可以获得“看得见”的效果。

与E-mail营销效果相关的评价指标有很多，例如常用的送达率、开信率、回应率、转化率等，但目前在实际中并没有非常完善的E-mail营销评价指标体系，也没有公认的测量方法，但考虑到某些指标可以在一定程度上反映出E-mail营销的效果，这里将有关的指标罗列出来，以供参考。按照Email营销的过程将这些指标分为四类，每一类中有1个或者若干个指标，这四类指标为：获取用户资源阶段评价指标，包括有效用户总数、用户增长率、用户退出率等；邮件信息传递评价指标，包括送达率、退信率；用户对信息接收过程评价指标，包括开信率、阅读率、删除率等；用户回应评价指标，包括直接带来的收益、点击率、转化率、转信率等。

虽然，与 E-mail 营销相关的评价指标虽然远比 12 项要多，但在实际中对其效果进行准确的评价仍然有困难，有时甚至无所适从。例如，电子邮件回应率（如点击率）作为常用的一项评价标准，其他形式的网络广告和传统的直邮广告也一直用回应率来评价效果，许多广告主对 E-mail 营销也希望用这一指标。但是，回应率并不能完全反映出 Email 营销的实际效果，因为除了产生直接反应之外，利用 E-mail 还可以有其他方面的作用，如 E-mail 关系营销可以帮助公司和顾客保持联系，并影响其对公司的产品或服务的印象，顾客没有点击。E-mail 并不意味着不会增加将来购买的可能性，同时也有可能增加品牌忠诚度。因此，对 E-mail 营销效果的评价最好采用综合的方法，既要对可以量化的指标进行评价，又要关注 E-mail 营销所具有的潜在价值，如对增强整体竞争优势方面的价值、对顾客关系和顾客服务的价值、在行业内所产生的影响等方面。

（二）E-mail 营销的有效性分析

在进行 E-mail 营销时，企业评价营销活动的效果方法是，企业通过对一些指标对其进行监控和分析，并在营销活动中发现的问题，从而对营销活动进行一定的控制。

内部列表营销的有效性主要表现在：获得更多的用户加入列表；信息送达率高，尽可能减少退信；稳定的后台技术保证；邮件内容获得认可，有较高的阅读率；邮件格式获得用户认可；保持营销资源稳定增加；获得用户信任并产生高的回应率；在企业品牌、顾客关系、顾客服务、产品推广、市场调研等方面发挥作用。外部列表营销的有效性主要表现在：邮件可以送到尽更多的用户电子邮箱；反应率指标达到或高于行业平均水平；获得的直接收益大于投入的费用，或者达到期望目标。

通过Email营销企业将最新的产品信息送达消费者，是企业与客户沟通的一种重要方式，也可以将企业文化、最新动态都及时地传递给顾客。要做好E-mail营销，第一需有一个非常专业的技术平台，其次要尽量多地获得用户电子邮件地址资源，最后就是丰富邮件列表的内容，使邮件列表能够真正传达顾客想要知道的信息，以此来吸引更多用户的加入。

（三）其他影响E-mail营销效果的因素分析

在E-mail营销中，由于地址收集、用户注册等问题都会对E-mail营销的效果产生影响之外，还有一些其他方面的影响因素。

（1）人才因素。

一些企业虽然掌握了大量的用户资料，但是却不知道怎样正确地利用它来开展营销，这就不能充分发挥用户资料的作用。很多企业每天将大量的商业信息强行发送给用户，在很多情况下好像很少到用户的存在，这样的Email营销自然无法取得很好的效果。获取用户资料企业是要花费很大代价的，但由于专业网络营销人员比较缺乏以及没有非常专业的用户数据分析处理技术，用户资料要想转化成收益是很难的。

（2）垃圾邮件的影响。

E-mail 营销是网络营销中最早受到重视的营销工具之一，它具有很好的营销效果，但是如果不好好运用，就会被用户当成垃圾邮件。垃圾邮件的泛滥对E-mail营销产生的影响主要表现在两个方面：一方面，大量有用的信息被大量垃圾邮件中无用的信息淹没，严重的甚至会造成有用信息的丢失；另一方面，垃圾邮件影响了Email用户对于E-mail营销的看法，使得Email营销的声誉遭到破坏。

（3）不断上升的电子邮件退信率。

进行E-mail营销的基础是用户电子邮件地址数量，广告效果得以保证的根本是信息的有效传达。但由于很多原因，致使邮件列表的退信率不断提高，使得营销效果大大降低严重影响了了 E-mail 营销的发展。造成邮件列表退信率上升的原因主要有：免费邮箱终止服务、用户废弃原来的邮箱、邮件服务商对邮件列表的屏蔽等。据有关部门的统计数字表明，许多服务商遭遇的邮件退信率已经接近甚至超过 60%。

（4）营销效果评估困难。

企业的重要工作就有对 E-mail 营销的效果进行评估，从理论上讲尽管可以对电子邮件的送达率、阅读率、转发率等给予详细跟踪记录，但在实际操作中是无法做到的，因为这种测量的基本原理是在 HTML 代码中加入一段跟踪代码，但这些代码多数情况下是被屏蔽的，而根本无法跟踪纯文本格式的电子邮件，因此实际上很难知道究竟有多少邮件被送达和阅读，这也就很难准确地说明 Email 营销的效果到底如何。

三、E-mail 营销与客户体验以及客户关系管理

企业最重要的资源是客户，无论营销手段如何都应该是为客户服务的。同时客户关系管理的出现也为网络营销时代的企业营销提供了新的思路，通过 E-mail 营销与客户关系管理，企业能够更好地获得用户的支持。

互联网的普及和电子商务的快速发展，使得网络营销成为可能并得到企业的广泛应用，尤其是 E-mail 营销以其低成本、易操作的特点正成为一种发现并留住客户的有效手段。但是，在进行客户关系管理中盲目的 E-mail 营销很大程度地影响了其管理中的效果。

（一）E-mail 营销在客户关系管理中的作用

1．推动潜在客户购买

据相关统计数据表明，E-mail 营销的受众中经有过看完 E-mail 后点击商品信息并直接购买的经历有 37%的客户，还有 45%的客户虽然没有立即点击，但邮件信息对他们仍然有影响，在以后的某一个时间形成了购买。通过 E-mail 营销企业可以将相关新闻、产品促销、产品升级等有关的最新

信息及时主动地以新闻信件的形式发送给需要的客户，促进产品销售。[①]

2．帮助企业建立主动的客户服务

传统的客户服务主动性这一方面都做得不好，一般都是客户发现问题后企业被动的给客户解决问题。利用 E-mail 营销，不仅可以主动地为客户提供服务，而且还大量的节约客户服务的成本。通过 E-mail，无论发生何种情况公司都可以告诉客户最多种选择的机会、最好的服务质量。

3．加强企业与客户的良性沟通

E-mail 营销对于建立与客户的关系有着重要的价值。与 E-mail 营销对客户忠诚度的影响一样，通过与客户之间的长期沟通，客户的关系功能才能慢慢地发挥出来。内部列表具有独特的价值，在增强客户关系方面。大部分调研结果都支持 E-mail 营销在加强客户关系管理方面的独特价值。

4．提高企业客户的忠诚度

著名的国际调查公司 Quris 在一项调查中，在调查者中有 67%的人表示，对于自己信任的公司开展的 E-mail 营销活动，他们的印象都良好。除了产品、服务促销邮件之外，客户服务邮件、确认信息，以及客户定制邮件都很重要，都会在一定程度提高顾客的忠诚度。[②]

（二）E-mail 营销过程中用户体验容易产生的问题

尽管 E-mail 营销具有这么多很多营销方式无法比拟的优势，但有许多不可避免的问题在实际运用中也经常发生。通过对消费者购买决策过程的三个阶段——购买前、购买中、购买后的不同心理活动和行为导向进行分析，由于 E-mail 营销的主要目的在于通过电子邮件传递商业信息、建立用户联系，进而引导用户产生需要，最终达成购买行为，因此，其营销过程对用户体验的影响主要集中在购买决策过程的“购买前”阶段。下面我们

① 付宝强．E- mail 营销在客户关系管理中的应用[J]．管理观察，2009（15）：248．
② 付宝强．E- mail 营销在客户关系管理中的应用[J]．管理观察，2009（15）：248．

对用户的“购买前”心理活动和行为导向的整个过程中的用户体验来进行分析，将整个过程分为“信息接收”“信息识别”“跟踪信息”三个阶段，来把握 E-mail 营销过程中用户体验容易产生的一些问题。

1. 信息接收阶段

在 E-mail 营销过程中，用户体验 E-mail 营销的首先环节是收到企业发出的邮件广告。将直接影响用户对商家及其产品和服务的第一印象是用户在接收广告邮件工程中是否出于自愿。若用户在某商业网站注册账号时，填写邮箱地址成为注册成功与否的关键步骤，则有可能对用户体验产生负面影响。但这种负面影响可通过巧妙的营销技巧得以解决，如将“邮箱必填”作为验证用户信息、保护账号安全等的必备条件、密码丢失找回等，这样强制填写邮箱可能为用户体验带来的负面效应就能有效化解。如果用户收到广告邮件的次数过于频繁、信息总量过多，也容易引起反感。

2. 信息识别阶段

用户体验 E-mail 营销的第二个环节是信息识别。在该阶段，电子邮件广告的来源是用户首先要识别的，作出判断的主要依据是邮件的主题和发送地址。若邮件的主题不够明确、邮件内容格式混乱、发送地址也被有意隐藏、邮件内容和形式无法吸引用户信任等等，这必然会对用户体验产生不好的影响，甚至可能使 E-mail 营销过程无法顺利进行——用户将其当作“垃圾邮件”直接删除。

3. 跟踪信息阶段

当用户通过“识别阶段”的识别，并开始跟踪信息时，这时候营销过程就进入了第三阶段——跟踪信息这一阶段用户体验的高级阶段。在前面用户经历了接收邮件信息、识别邮件信息的两个环节以后，对 E-mail 营销的体验进而依次涉及邮件广告信息是否具有针对性、信息内容是不是准确无误的、用户的现实需求能否得到满足、用户的潜在需求是否可以被激发、邮件可不可以按照用户的需求来制定等问题，如果这些较深层次的用户体验难以在 E-mail 营销过程中用户得以满足，那么就会降低营销效果，甚至以前的所有努力都付诸东流。

（三）E-mail 营销应注意的问题

1．把握与客户的亲密度

把握好与客户的亲密度在个性化营销过程中有着至关重要的作用。尤其是在进行 E-mail 这种亲情式营销时，做到人性化的前提必须适当了解顾客本人的信息，但不可对客户太了解（即使了解也不能完全对客户表白），因为这样顾客会误以为你对他得隐私有侵犯行为，不但不能达到营销和树立企业形象的目的，而且会引起顾客对企业的反感，不易于以后营销的开展。

2．把握营销火候

尽管 E-mail 的便捷性和无较强时间性限制的优点，使企业赢得了许多用户的认可，但企业在利用 E-mail 营销进行顾客关怀时，切忌有恃无恐，所谓“细节决定成败”。即使是忠实的顾客，也不能为实现营销效果，不断地进行强势营销。需要的才是顾客最乐于接受的，了解顾客需要，关注顾客体验，适当的把握营销火候，合理地进行营销引导。

3．建立持续的个性化营销

“二八”定律告诉我们，20%的客户创造了企业 80%利益或收入。客户忠诚理论认为：

（1）吸引一个新客户的销售费用是保持一个老客户的营销费用的五倍；

（2）只要客户流失率降低 5%，企业利润就会增长 25%—85%（具体增长率视行业而定）。

（3）企业 60%的新客户来自现有客户的推荐。

（4）客户忠诚度下降 5%，企业利润则下降 25%。

（5）现有客户的购买概率是 50%，而一个新客户购买产品的概率仅有 15%；

（6）客户忠诚度是企业利润的主要来源。既然 20%（忠诚客户）如此重要，那么就要维持这种客户关系并保存他们。[①]

企业要想获得客户的忠诚，就要在企业深入人心的形成一种客户至上的文化理念，设身处地地为客户着想，对其进行个性化关怀。定期和老客户联系，关心客户的事业和生活，就像一个老朋友一样，保持一种长期关系，不过这要建立在通过 CRM 对客户进行准确信息分析，但是与顾客进行联系要有计划性，不可贸然访问，E-mail 可以避开到访和电话等营销方式的不便。

第三节　博客与社区营销

一、博客营销

（一）博客营销的含义和实质

博客营销就是利用网络博客进行的营销。博客是种公开的网络日记，在其中，读者自己可以发表自己的网络日记，也可以阅读别人的网络日记，因此博客可以理解为一种个人思想、观点、知识等在互联网上的共享。由此可见，博客具有知识性、自主性、共享性等基本特征，正是博客这种性质决定了博客营销是一种基于包括思想、体验等表现形式的个人知识资源，以及它的网络信息传递形式。

因此，开展博客营销的基础问题是对某个领域知识的掌握、学习和有效利用，并通过对知识的传播达到营销信息传递的目的。博客营销是利用博客这种网络应用形式开展营销的一种网络营销方式。公司、企业或者个人利用博客这种网络交互性平台，发布并更新企业、公司或个人的相关概

---

① 武同青．浅谈 E-mail 营销中的客户关系管理[J]．信息技术，2008（6）：172-174．

况及信息，并且密切关注并及时回复平台上客户对于企业或个人的相关疑问以及咨询，并通过较强的博客平台帮助企业或公司零成本获得搜索引擎的较前排位，以达到宣传的目的。

博客营销本质在于通过原创专业化内容进行知识分享争夺话语权，建立起信任权威，形成个人品牌进而影响读者的思维和购买。博客营销的本质是公关行为。

（二）博客营销的常见形式

博客营销涉及不同行业、不同规模的企业，各个企业采用的博客营销模式也不尽相同。事实上博客营销可以有多种不同的模式，从目前企业博客的应用状况来看，企业博客营销有下列六种常见形式。

（1）企业网站博客频道模式。

这是企业博客营销的主流方式，通过博客频道的建设，鼓励公司内部有写作能力的人员发布博客文章，以达到增加网站访问量，获得更多的潜在用户的目的，同时，还可以帮助企业品牌推广、增进顾客认知、听取用户意见，提高员工对企业品牌和市场活动的参与意识，增进员工之间以及员工与企业领导之间的相互交流，丰富企业的知识资源。

（2）第三方 BSP 公共平台模式。

这是指利用博客托管服务商（BSP）提供的第三方博客平台发布博客文章进行推广和营销的方式，是最简单的博客营销方式之一，在体验博客营销的初期常被采用。其优点是操作简单，不需要维护成本；缺点是用户群体成分比较复杂，若企业非知名大企业，如果在博客文章中过多介绍本企业的信息往往不会受到用户的关注，并且实际第三方 BSP 公共平台模式提供的博客服务通常作为个人交流的工具，对企业博客的应用有一定的限制。

（3）建立在第三方博客企业博客平台的博客营销模式。

与第一种模式类似，这种形式的博客营销也是建立在第三方企业博客平台上，但它与第一种模式的主要区别在于这种企业博客平台是专门针对企业博客需求特点提供的专业化的博客托管服务。每个企业可以拥有自己独立的管理权限，可以管理企业员工的博客的权限，使得各个员工的博客之间形成一个相互关联的博客群，从而互相推广以发挥群体优势。

（4）个人独立博客网站模式。

企业博客在很大程度上是依赖于员工的个人知识的，作为独立的个体，除了以企业网站博客频道、第三方博客平台等方式发布博客文章之外，以个人名义用独立博客网站的方式发布博客文章也很普遍。许多免费个人博客程序也促进了个人博客网站的发展，因此对于有能力独立维护博客网站的员工，个人博客网站也可以成为企业博客营销的组成部分。这种模式的优点是可以更加充分地发挥积极性，展示更多个性化的内容，并且有助于推广；但缺点是对个人的知识背景以及自我管理能力要求较高也不便于企业对博客进行统一管理。

（5）博客营销外包模式。

这是指企业将博客营销外包给其他机构来操作，采用由第三方专业机构 / 人员提供的服务，可以认为是网络公关的一种方式。这种方式的优点是：企业投入少，不需要维护投入，企业博客管理的复杂性低，并且影响力大。其缺点也是没有企业员工的参与，难以全面反映优秀的企业文化和经营思想，不利于通过博客与顾客实现深入地沟通；同时，企业员工对博客的关注程度也会降低，用户的可信度会有所下降等。

（6）博客广告。

与前述的几种模式的不同之处在于，博客广告是一种付费的网络广告形式，即将博客网站作为网络广告媒体在博客网站上投放广告，利用博客内容互动性的特性获得用户的关注。博客广告目前较多为技术含量高、用户需要获取多方面信息才能做出购买决策的行业所采用，如 IT 产品、汽车和房地产业等。

随着博客的进一步深入应用，还会有新的博客营销模式不断产生。究竟哪种模式适合自己的企业，需要根据企业的经营思想和内部资源等因素来确定，同时也不排除多种模式共存的可能。

二、社区营销

（一）网络社区的含义及形式

网络社区是网络社交的重要组成部分，主要包括电子公告板（BBS）论坛、贴吧、公告栏、群组讨论、在线聊天、交友、个人空间、无线增值服务等形式在内的网上交流空间，同一主题的网络社区集中了具有共同兴趣的访问者。

网络社区有以下几种主要形式。

（1）电子公告板/论坛。

电子公告板/论坛是虚拟网络社区的主要形式，大量的信息交流都是通过电子公告板完成的，会员通过张贴信息或者回复信息达到互相沟通的目的。有些简易的社区甚至只有一个电子公告板系统。

（2）聊天室。

在网络社区中，在线会员可以实时交流，而对某些话题有共同兴趣的网友通常可以利用聊天室进行深入交流。

（3）讨论组。

如果一组成员需要对某些话题进行交流，通过基于电子邮件的讨论组会觉得非常方便，而且有利于形成大社区中的专业小组。

论坛和聊天室是网络社区中最主要的两种表现形式，在网络营销中有着十分重要的地位和独到的应用。网络社区可以增进和访问者或客户之间的关系，也可能直接促进网上销售。

（二）网络社区的营销策略

虽然进行网络社区宣传，需要投入较多的精力，但是总体来看，效果非常好。网络营销，细节制胜，网站推广，全面出击。网络社区宣传要选择自己潜在客户所在的网络社区，或者人气比较好的网络社区。网络社区宣传注意以下几个策略。

（1）不要直接发广告，很多社区都很反感广告，也会有对广告帖的限制条款，所以，直接的广告帖子很容易被直接删除。

（2）用好头像、签名。头像可以专门设计一个，宣传自己的品牌；签名可以加入自己网站的介绍和链接。

（3）发帖的质量要求排在首位。在网络社区中发帖的关键是要更多的人关注自己，进而宣传自己的企业网站，将网络营销的信息传递出去。如果一味地追求发帖的数量，而不能为自己的帖子增加更多有益于用户的内容，那么既花费了精力也得不到很好的效果。

（4）适当“托一把”。例如，在论坛上，有时候为了帖子的气氛、人气，你也可以适当地找个托，也可以自己注册两个账号“托一把”。

（三）网络社区营销中的主要问题

在互联网发展的早期，专业的商业社区还比较少，一些电子公告板、新闻组和聊天室曾经是企业进行营销和推广的重要工具，一些早期的网络营销人员利用网络社区发现了一些商业机会，甚至取得了一些成就。但是，实际上，网络社区营销的成功概率是非常低的，尤其是作为产品促销工具时。另外，随着互联网的飞速发展，出现了许多专业的或综合性的 B2B 网站，其主要职能就是帮助买卖双方撮合交易，所以，一般的网络社区的功能和作用也发生了很大变化，网络营销的手段也更加专业和深化，网络社区的营销功能事实上已经在逐渐淡化，而是向着增加网站吸引力和顾客服务等方向发展。因此，当我们利用网络社区进行营销时，要正视这一手段的缺陷，不要对此抱太大的期望。

不过，一个优秀的社区在网站中仍然占有重要的地位，在可能的情况下，当规划和建设自己的网站时，应尽可能将网络社区建设作为一项基本内容。

（四）如何做好新时代的网络社区营销

企业可以通过网络社区进行更大范围的消费者和传播对象搜索，将分散的目标顾客和受众精准地聚集在一起，利用新的网络手段扩大口碑传播，并且在日趋明显的消费模式（需求—搜索—行动—共享）中实现及时信息传输和回馈。

随着网络媒体的发展，新时代的网络社区营销实际上就是企业在网站上成立会员俱乐部与用户进行互动沟通。网络社区是企业和会员（最终会员和渠道会员）线上互动交流的最佳平台，许多企业已经在其网站上不同程度地实现了客户服务、技术支持、产品促销等营销活动，相当多的企业已将俱乐部纳入电子商务的一部分，开始尝试网上销售。但是从目前来看，电子商务由于种种原因还未走向成熟，综观现今互联网上各个企业会员俱乐部的运营状况，显然是传播大于销售。

（1）“社区”盛行，营销升级。

从企业角度来说，树立品牌形象是建设网站初期的目标，现在互联网已经发展到较高的层次了，网站能实现在线销售和维护顾客忠诚度是企业所希望的。web 2.0 使得“社区”的概念开始在互联网的环境里越来越盛行。有特殊喜好或者共同用户体验的顾客群体可以通过网络社区的形式，建立起某种经常性的联系。当网络社区的参与者分享个人喜好和共同体验，并通过网络跟帖或发表新帖表述意见时，浏览信息所获得的用户体验可以得到提高。这种用户体验分享的方式，达到的效果已不仅仅是单个的累加，而是几何级数的增长。

从当前的情况来看，互联网上的活跃用户确定购买以后可能直接在线订购。企业也可以通过最快捷的方式搜寻到消费者的购买意向，购买意向通过后台直接发布给代理商，提供消费线索。

（2）定位传播受众，扩大传播范围。

企业必须明确自己的网络社区主要针对的消费群体：一类是潜在顾客，

主要是培养他们对品牌的认识和忠诚度的，不是针对某一个特定产品；另外一类就是已经购买的用户再次消费，他们已经认可并使用了产品，再购买比例也是非常大的。

（3）进行资源整合。

在建立网络社区和进行营销推广时，企业应该从以下三个方面考虑问题：一是用户是谁。按照前面说的三种不同类型定位，社区的目标用户也不同。二是考虑人力。社区维护量很大，尤其是公开社区，有负面舆论风险，当会员发表负面内容时，需要有人力来维护。并且，市场需要有人员来跟踪，服务部门也需要支持，这样就对人力资源提出了更高的要求。三是数据库的整合，包括线上和线下。大规模企业用户数据库整合不是技术上的问题，而是部门间协调的难度。数据库整合是一项重要的工作，是为整体销售服务的。

第四节　抖音短视频营销

一、抖音短视频的发展现状

（一）抖音短视频的局限性

第一，地域性。短视频的受众虽然多又广，但是，对于一些地域限制性强，并非连锁的餐饮店而言，其整体的宣传效果并不是十分明显。除了点击同城以外，更多的点击量其实对于该店的名气增长所带来的效果并不是很明显，尤其是餐饮店的地理位置不在风景旅游名胜区，在抖音上宣传效果就仅仅局限在网络上，不能够有效的识别本地的用户。其次，虚拟性。对于短视频而言，即使在动态的视频里其实所能够掌握的产品细节信息和真实信息也是很有限的。另外，对于一个优秀的视频而言，其产出的周期其实并不短，但是由于抖音上的模仿功能比较强大，所以一些模仿行动不可能会随意博取别人的创作成果，导致原创类的作品的优势就并不明显。所以这些用户们必须在短期内，得到高产出才能够维持住粉丝量和关注度，因此，更多的都是用户目前乐于去模仿他人的视频，并不是做到视频原创。同质化的内容较多、抄袭现象较多，这种影响使得抖音原创视频的增长速率变缓。

（二）抖音短视频的积极影响

1．信息接收程度高

视频自媒体能够有着较高的信息接收程度，以视频的形式让使用者了解，则会达到很高的信息接收程度。抖音的短视频最重要的特点就是有着较高的信息接收程度，充分地利用了人脑的形成印记的最佳时间作为起点，能够营造出一个轻松的环境和氛围，让客户在放松的情况下摄取信息，同时短视频的信息传播更加鲜明，内容集中并且指向性强，可以让不同文化程度的受众所接受，而且，抖音短视频可以加入音乐，那么能够在不同的背景音乐特点之下来舒缓压力，更容易理解和记忆短视频中的内容。

2．受众范围广

抖音短视频的全面推广，在很大程度上也取决于这个时代是不同、年龄不同、工作种类不同、受教育程度的人都会追求的，因此抖音正是有着这样强大广泛的受众基础的前提下，才得到了广泛的发展，随着抖音视频发布者的数量增多，他们发布的内容也会因发布者的性格和喜好不同而变的更多，体现在他们的视频定位的不同上。在当下，发现抖音的内容和受众已经不仅仅局限于青年人，各个年龄段的人也都有参与，具有强大的受众基础。

3．互动性强

随着新媒体技术的不断发展，短视频的盛行，不仅要加上文字的叙述和图片的拍摄更多的还是可以通过视频剪辑的方式，来更加符合观众们的视听需求。因此图文视频加声源的插入使得短视频更加符合受众们的喜好，该剧有了广泛的受众基础的情况下，会给受众们带来全新的体验，不仅仅可以，就美食本身进行讨论和咨询或者录制视频中所涉及的主人公也会为受众人所重视，在评论区与录制视频的人或是视频中出现的人物进行互动留言，表示关心，能够拉近受众与视频主人公的距离。增强了人际关系的互动性，满足了用户们的，互动心理需求。或者是一些在都市生活中压力较大，疲惫感较强的年轻人们内心其实是渴望狂欢活动的，但是在现实生活中却难以实现。

二、优化抖音短视频的策略

（一）知识性与娱乐性相结合

首先，内容必须是要积极向上，能够做出指导和宣传作用的，输出优质的信息一方面通过录制视频能够有效地推荐给用户们新型的吃法更健康，更好地了解食物，也可以帮助人们能够在家里实现某一种菜肴的新型制作对于餐厅的宣传上，可以介绍一下餐厅或者是服务的优势特点，将其用心打造的服务项目和菜肴款式，进行知识性的介绍，这样能够在社会上形成一种正向的效应。既能够宣传美食产品为餐饮企业发展现在客户也能够，也能够为观众们带来娱乐性和知识性的享受，通过短视频可以给生活带来更好的乐趣。

（二）持续的优质内容输出

优质的内容是能够确实吸引客户的一个重要考虑因素，而优质的内容可以从多角度多方面来进行处理，不仅仅是对于美食菜肴的制作或者是美食新菜品的推出来进行录制视频，这样的局限性有些高，在当前创意性是评价优质内容的一个重要指标，所以在输出视频的时候，餐饮企业可以更好玩的吃法或者是餐厅的布置以及餐厅的文化来进行输出视频，其中也可以夹杂一些搞笑好玩的内容来吸引受众。将视频的范围变得广一些，其实能够更好地帮助受众全面的了解餐厅，并不要把目光和创意着眼于某一方面，例如可以通过造型的多变或者食客们的评价反应的来录制视频，这样，围绕着一个主题录制不同类型的视频找准不同的切入点，找到更多的内容主题，那么发挥的空间也就自然而然的变大了，优质内容的范围变广了，那么内容输出的周期自然而然也可以变短。

（三）提升视频准入门槛

首先，我们需要检查客户的质量，在本地平台上我们需要进行一些广告视频发布和发布者的身份认证。并且出台视频的内容，视频的录制者和发布者要对其进行负责，一旦涉及侵权或者是虚假广告的相关信息，后期方便追究责任，同时对抖音上经常发布一些庸俗、低级趣味，影响社会和谐和身心健康的视频应当首次对其发布者进行警告，屡教不改者应当取消其发布视频的权限，造成恶劣影响的视频及其发布者，还应当做出相应的处罚和赔偿。通过视频准入门槛的提升，能让发布的视频质量得到有效的提高。可以加大用户举报等措施来发动受众的力量进行监督，建立一种积极的方式来有效的约束抖音短视频用户的一些违规操作行为。

（四）创新是能够有效保持浏览量和热度

创新的途径有很多保持个性化发展能够实现短视频的受众热情不衰减，有效的为产品进行宣传营销的一个绝好方式，对于个性化的发展，可以结合各个产品本身的性质特点来进行多渠道的开发发展。例如，对一个食品的新吃法的视频录制可以有效地吸引受众们去尝试新型的施法或者是学习一些诙谐幽默的方式来去宣传企业的特点。例如，有的火锅店在用餐结束后会赠送一瓶墨汁，要求用户即到锅底中以保证锅里的不循环使用，以证清白这一做法，以其独特的视角和有效的行动，在抖音上走红的这种做法看似很普通，仅仅只是为了帮助火锅店证明其没有循环利用的行为，该餐饮店的个性化或者是结合当下人们情绪的特点和环境的特征可以来进行将产品与文字进行结合。例如，之前推出的丧茶、答案茶，还有各种食品的单身狗吃法、热恋情侣吃法等等，给一个原来并没有做出改变的产品贴上了新的标签，同样也可以因为其文案的提升或者是视频的改变拍摄的手法来提升其特点，这种创意也是能够帮助视频实现个性化发展的一种手段，能够更好地做到产品及服务的营销。

第七章　网络广告的推广

第一节　网络广告概述

一、网络广告概述

（一）网络广告的发展

1994 年 10 月 27 日是网络广告史上的里程碑。美国著名的 Hotwired 杂志推出了网络版的 Hotwired，并首次在网站上推出了网络广告。

美国网络经济是全球网络经济的风向标，网络广告领域也不例外，因此对美国网络广告的发展状况有所了解，也就在很大程度上了解了全球网络广告的整体发展状况。美国网络广告市场保持高速发展的主要原因在于，网络广告相当于其他媒体广告的可测量度较好，便于广告主优化广告预算；由于技术发展带动的网络广告精准性的提高，网络广告价格有所上升，这将带动整体网络广告市场份额的提升；网络用户群体庞大，加之美国网络用户在线购买习惯的养成，网络广告较为容易直接引发订单生成。

我国网络广告起步较晚，但随着上网人数的不断增加以及网络技术的不断进步，网络广告将成为最为经济有效的广告形式之一。2000 年我国的网络广告收入为 1.7 亿元，2003 年增加到 6.2 亿元，到 2008 年第二季度网络市场规模就达到了 46 亿元。IResearch 的调查同时显示，国内网络广告市场的集中趋势非常明显，新浪、搜狐和网易这三家门户网址的广告收入占据了国内网络广告市场总额的 78%左右。可见网络广告的收入主要由少数大型网络媒体所控制[①]。

[①] 乌跃良．网络营销[M]．大连：东北财经大学出版社，2009：225-226．

（二）网络广告的概念

网络广告又称在线广告、互联网广告等，主要是指利用电子计算机联结而形成的信息通信网络作为广告媒体，采用相关的电子多媒体技术设计制作，并通过电脑网络传播的广告形式。作为一种新型的广告形式，网络广告得到了很快的发展。它已经成为全球广告业热门的广告形式。

（三）网络广告的特点

1．互动性

这是网络广告所具有的最重要的特点。一般而言，网络广告所显示的内容完全由受众所控制，受众可以选择自己感兴趣的内容，而避开自己不愿意费时观看的部分。互联网络的信息共享的特点决定了网络广告的互动性，网上的信息是活动传播的，用户可以获取自己认为有用的信息，厂商也可以随时得到宝贵的用户反馈信息。如果网络广告当时提供的内容消费者并不满意，或者消费者还有一些问题没有得到解答，他可以通过 E-mail 向生产厂家咨询。当消费者决定购买时，他还可以通过 E-mail 向厂家订货，从而在一种媒体上实现购买的全部过程。网络广告的互动特性，吸引了大量的消费者，因为这样的广告更具人性化、更加友好、更有针对性，也更节省时间。

2．传播范围广

网络广告的传播范围极其广泛，不受时间和空间的限制。通过 Internet 可以把广告传播到 Internet 网络所覆盖的 150 多个国家的 1.3 亿多用户中，突破了传统广告只能局限于一个地区、一个时间段的弊端。通过国际互联网络，网络广告可以将广告信息 24 小时不间断地传播到世界各地。受众无论在世界任何一个角落，只要具备上网条件，都可以在任意时间随意浏览广告[①]。

---

① 周莉，尚永庆．网络营销实务[M]．北京：北京师范大学出版社．2011：119．

3. 成本低

作为新兴的媒体，网络广告由于有自动化的软件工具进行创作和管理，能以低廉费用按需要及时变更广告内容。若能直接利用网络广告进行产品的销售，可节省更多的销售成本。与报纸和电视相比，网络广告的平均费用仅为传统媒体的3%，并可以进行全球性传播，网络广告在价格上极具竞争力。

4. 信息量大

从理论上讲，网络广告可发布的信息量是无限的。网络广告的载体基本上是多媒体、超文本文件。通过链接，网络广告的信息量得到极大扩展。网络广告的这种特性使得它的内容可以极为翔实，通过超级链接，一则广告可以包括有关企业的各项信息，如企业概况、产品介绍、新产品信息、企业各项促销和公关活动等内容。

5. 受众数量可准确统计

通过 Internet 发布网络广告，通过权威公正的访客流量统计系统能容易地、及时地监视广告的浏览量、点击率等指标，广告主可以统计出多少人看到了广告，其中有多少人对广告感兴趣，进而进一步了解广告的详细信息，及时了解用户和潜在用户的情况，并且可以得到有关这些用户所在地区分布和浏览点击广告的时间分布。

网络广告的发布者可以通过权威工作的统计系统，统计出企业的广告被多少个用户看过，以及这些用户的跟踪信息。这些精确的统计数据对广告主正确评估广告效果大有帮助，广告主能够更好地跟踪广告受众的反应，实时评估广告的投放效果，并由此调整广告的设计、投放策略及目标受众。

6. 灵活实时性

网络广告制作周期短，网络编程技术的发展，也使得广告设计人员能够按照需要及时方便地变更广告内容。同时，网络广告的信息可快捷地反馈，受众可以直接与商家进行沟通，商家可以从广告的统计情况及时了解网络广告的效果，使得企业可以根据自己营销策略的改变及时地对网络广告进行调整。

（四）网络广告的营销价值

1．品牌推广

网络广告最主要的效果之一是对企业品牌价值的提升，用户只是浏览并没有点击网络广告但是同样会在一定时期内产生效果的原因也正因为如此，在所有的网络营销的方法中网络广告品牌推广的价值最为显著。同时，网络广告也有着十分丰富的表现手段，这也是更好的展示产品信息和企业形象的必要条件。

2．信息发布

向用户传递信息是网络广告的目的，因此可以说它是信息发布的一种方式。不仅可以在自己的网站上投放广告，发布信息，而且还可以在用户数量更多、用户定位程度更高的网站发布，或者通过电子邮件直接向目标用户发送信息，以此来获得更多的关注用户，使其增强在网络营销中的信息发布功能。

3．销售促进

影响用户购买行为的因素之一是用户通过受到各种形式的网络广告来获取产品信息，尤其当网络广告与网上商店、企业网站等网络营销手段相结合时，这种产品促销活动的效果更为显著。网络广告对于销售具有促进作用，这不只是表现在直接的在线销售，同时也表现在产品信息通过互联网获取后对网下销售具有促进作用。

4．顾客关系

对用户进行跟踪和分析是网广告所具有的功能，这为深入了解用户的需求和购买特点提供了必要的信息，这类信息不但是网上调研内容的组成部分，而且是建立和改善顾客关系的必要条件。网络广告使企业与顾客的关系得到改善，提高了顾客对品牌的忠诚度。

5．网站推广

推广网站是网站营销的主要职能，获得尽可能多的有效访问量是网络营销取得成效的基础之一。网络广告对网站具有推广的作用，这一点表现得十分明显，对网站推广最好的支持就是通常出现在网络广告中的“点击这里”按钮，通过这个“按钮”网络广告通常会链接到与之相关的产品页面或网站首页，用户对网络广告的每次点击都意味着为网站带来了访问量的增加。

6．在线调研

网络广告对于在线调研的价值在多个方面都有所表现，如对于在线调查问卷的推广、研究消费者的行为、测试各种网络广告形式和广告效果、用户对于新产品的看法等。通过专业服务商的邮件列表展开在线调查，特定用户群体的反馈信息可以迅速获得，使市场调查的效率得到很大提高。

二、网络广告发布的形式

（一）网页广告

网页广告主要指用户打开网络浏览器时自动显示在屏幕上的广告，由于网民上网的主要方式使用浏览器阅读信息，网络上应用最为普遍的网页广告，一般都是采用以下几种方式：

1．旗帜广告（BANNER）

旗帜广告是最常见的网络广告形式，是互联网界最为传统的广告表现形式，其形象特色早已深入人心。旗帜广告通常置于页面顶部，最先映入网络访客眼帘，创意绝妙的旗帜广告对于建立并提升客户品牌形象有着不可低估的作用。

旗帜广告可以是静态的也可以是动态的，由于空间有限，静态旗帜广告上的文字总是经过字斟句酌，一般应包括公司的联系办法。通常，静态的可恢复旗帜广告适用于没有建立自己网站的广告主。互动式旗帜广告则适用于有自己网站的广告主。互动式旗帜广告直接与企业自己的互联网站点链接，可实现无缝跳转和及时互动。

2．按钮广告（BUTYON）

按钮广告是网络广告最早的形式。早期的按钮广告通常是一个链接着公司主页的公司标志。有时也被称为图标广告，它显示的只是公司或者产品的标志，点击它可以链接到广告主的站点上。按钮型广告的规格比旗帜广告略小，通常有四种尺寸：120×60、100×50、88×31、120×90[①]。

3．弹出式广告与悬浮广告

弹出式广告多在进入网页时，自动开启一个新的浏览器视窗，以吸引读者直接到相关网址浏览，从而受到宣传之效。但是很多浏览器或者浏览器组件也加入了弹出式窗口杀手的功能，以屏蔽这样的广告。

浮动式广告是一个矩形（或方形）图片，在站点网页中浮动出现，随着网页滚动条的移动而移动，或随机在网页中上下、左右浮动，这种广告形式被访客点击的可能性增加，但广告图片遮挡住网页的一少部分内容，给访客浏览带来了不便。

4．文字链接广告

文字链广告是以文字的形式出现在 Web 页面上，一般是企业的名称，点击后链接到广告主的主页上。其标题显示相关的查询字，所以也可以成为商业服务专栏目录广告。这种广告非常适用于中小企业，因为它既可以产生不错的宣传效果，花费又不多。

5．分类广告

网络分类广告是充分利用计算机网络的优势，对大规模的生活实用信息，按主题进行科学分类，并提供快速检索的一种广告形式。

---

① 乌跃良．网络营销[M]．大连：东北财经大学出版社，2009：229.

分类广告之所以受到欢迎就在于其形式简单、费用低廉、发布快捷、信息集中等优点，而且查看分类信息的人一般对信息有一定的主动要求，这也是分类广告的优势所在。

虽然网络广告的制作并不困难，其形式也十分的丰富多彩，但是却具有强制性，发布时应对其尺寸、数量、显示位置和播放时间进行合理的控制，要不然用户的信息浏览活动就会被其干扰，用户对此产生反感，从而降低广告的传播效果。

（二）电子邮件广告

因为电子邮件具有方便、快捷和免费等诸多优点，所以受到网民们的喜爱。为了使用户数量增加，使用户对网站的忠诚度有所提高，许多网站都免费提供容量大的电子邮件服务，其中包括新浪、雅虎和网易这样的门户网站。电子邮件广告的实现是通过发送电子邮件，广告的内容即是向用户发送的电子邮件，通过用户阅读邮件达到宣传的效果，发送者可能是网络服务商，也可能是广告商家。用户也可以根据自己的兴趣和喜好向广告提供者主动订阅。

但是，值得主要的是这种关高很容易被广大网民当作垃圾邮件直接删除，连看都不看一眼，有的用户甚至对它产生反感，严重影响企业在顾客心中的地位。这一问题许可经营可以有效地避免即在发送邮件前先得到用户的许可，并用户在邮件中选择“退订”取消接收电子邮件广告都是完仝自由的，建立起一种更加人性化的营销关系。电子邮件广告费用低廉、针对性强、包含广告内容十分丰富，但群发是经常采用的发送方式，很多情况下会被邮箱的过滤系统当作垃圾邮件阻隔掉。

（三）在线游戏广告

在线广告常常预设在互动游戏中，广告随时会出现在游戏开始、中间、结束的时候，也可以使游戏中的人物、情节和广告相结合，从而使游戏的玩家产生一种认同感。随着网游市场的红火，传统的广告商们开始把注意力转移到这块待开发的“金矿”上面。前不久，网游门户以中韩对抗赛唯一指定游戏媒体的名义驻扎在了《飙车》中，树立起游戏实景地图中第一块与现实相同的广告牌，开创媒体与游戏在广告合作上的先例。

而在联手联众之后，可口可乐已经和4家中国网游运营商展开了合作。而可口可乐的老对头百事可乐也不甘寂寞，于是携手九城，在《激战》中延续了其对可口可乐的紧逼。至于腾讯与娃哈哈、百事可乐与盛大，以及其他种种的结盟事件更是数不胜数……

（四）软件广告

软件广告又被称作搭载广告，软件作者把含有广告代码的插件或者广告链接捆绑在软件中，在电脑上安装软件的同时也安装了插件，并且广告的标示能在界面中显示。软件使用者如果使用该软件或者点击界面上的广告标识，就会自动弹出广告信息，或者广告信息页面通过浏览器来打开。常用的工具软件、聊天软件或者共享软件广告常常附载其上。

（五）搜索引擎广告

搜索引擎是Google、Yahoo、百度等网站的核心技术，它给网站带来客户流量的同时也加深了对消费者的了解。搜索引擎广告可以通过关键词搜索和数据库技术把用户输入的关键词和商家的广告信息进行匹配，在用户搜索结果页面的一侧可以显示广告，也可以在搜索结果中显示。由于与用户查询的信息相关度较高，用户很容易接受搜索引擎广告，具有非常明显的传播效果。越来越多的商家注意到了搜索引擎广告的效率和效果，将越来越多的资金投放在这类广告上，网络广告的主体地位逐渐被它所占领。

（六）富媒体广告

随着宽带广泛的应用，网络上开始流行一种新的广告形式——富媒体广告，它是不断提供在线视频的即时播放，而且内容本身还能包括网页、图片、超链接等其他资源，能与影音作同步的播出的同时实现用户和广告的互动。富媒体广告因其极强的视觉、听觉表现力和大容量、交互性等优势，受到广告商们的欢迎，并对电视广告市场有所冲击。

1．富媒体广告的优点

（1）丰富的创意空间。

由于是利用富媒体技术，所以其广告文件的容量比起传统的网络广告（文字连、图片、浮标等）要大得多从而为广告片的创意准备了更广阔的创意空间。

（2）特殊的网络受众。

网络媒体受众价值是电视媒体受众价值不可比拟的。据市场权威调查，网民的年龄层80%在18—35岁之间，是真正的三高人群（高学历、高收入、高消费）。这正是市场消费的中坚力量，他们直接控制着近90%以上的消费权。这也是网络媒体特殊受众的价值所在。

（3）流畅的播放速度。

富媒体广告现如今普遍存在30秒、15秒、8秒等等几个时长，这正是跟电视的视频广告相对应的。利用富媒体技术的强大的压缩、下载等功能，能够在网民打开网页的片刻完整播放，并通过强大新颖的创意直接刺激受众的视觉、听觉感官。

同时，富媒体广告也有 定的局限性，比如，价格昂贵，中小企业无缘富媒体；行业狭窄，富媒体步行艰难；创意陷阱，如何跟上网民的审美步伐；审美疲劳，导致宣传效果明显下降等。

2．富媒体广告的主要形式

（1）浮动标志。

当用户打开网页时，流媒体广告以不规则动画形式突然出现在网页上，动态的形式很容易吸引人们的注意，并且可以融入与用户的互动，更好地表现广告内容。动画播放完毕后将自动消失，并变成小图标回到网页的左右侧，小图标也随着鼠标的移动在屏幕的左右侧上下移动。

（2）普通视窗。

普通视窗是指播放器内嵌在新开窗口的视窗，它是从这个新开窗口的屏幕下角浮出的，带有浏览器边框。

（3）扩展类广告。

当用户将鼠标滑过或点击此类广告时，扩展广告即被触发，广告基于原广告位进行扩展，不会离开原广告位。当鼠标移开后，扩展部分自动消失。广告带有互动功能，更易引发用户兴趣。

三、网络广告的定价模式

（一）按曝光次数计费

CPM（cost per Thousand Impressions）：每千次印象费用。假设一位用户点击并看了广告，就认为一个好的映像得到创建。这种收费模式是以广告图形被显示 1000 次为基准的网络广告收费模式。

按照 CPM 收费有三个好处：①可以保证将实际浏览人数和客户的付费进行直接挂钩；②可以激励网站尽量改进自身内容，使网站页面的浏览总数提高；③用户只在首页做广告这一问题可以避免。

（二）按行动计费

可以根据用户点击网络广告的次数来作为计算收费的标准，这种方式被为单击回应，是指进一步了解广告有关信息的行为是通过单击链接或按钮来实现的。与 CPM 相比，这种方式使用率较低，其原因至少有三个方面：一，广告设计的创意；二，品牌或者产品的本身的吸引力；三是媒体的可信度。如果广告主有相当缜密的活动设计，在一个月的期间内以不同的创意执行一个连续性的主题，，那么广告的点击率一定会逐渐上升。

（三）按广告实效进行收费

在美国，广告主经验的积累和电子商务已经日趋成熟，已有相当比例的广告主及网络媒体采用以“广告实效”收取费用的方式。这种计费方式有以下几种：

CPO（Cost-per-Order）：也称为 Cost-per-Transaction，即根据每个订单／每次交易来收费的方式。

CPS（Cost for Per Sale）：营销效果是指销售额。

PPS（Pay-per-Sale）：根据网络广告所产生的直接销售数量而付费的一种定价模式。

在以上介绍的三大种计费方式中，相比较而言，CPM 对网站最有力，而以点击次数收费对广告主最有利。目前比较流行的网络广告计费方式是 CPM 和 CPC。

四、网络广告与传统广告的区别

（一）信息容量

媒体的时间和版面等诸多方面都限制传统广告，只能将许多有用的内容简化删除，从而使重点突出。而在网上，不再限制广告主提供的信息和内容。层层点击或直接链接进入另一网站是网络广告最常用的方式，这样就会有更多的信息被网络用户所获取，传统广告的局限得以突破并实现了翻阅的呈现方式。广告主或广告代理商可以提供相当于数千页计的广告信息和说明，并且费用不高，可以不必过多地考虑而传统媒体上每分每秒增加的昂贵的广告费用。

（二）交互性

网络广告是互动传播的，它摆脱了传统广告的单向传播方式。采用交互界面，访问者可以对广告层次化阅读，除了对产品的概况有所了解外，感兴趣的访问者对企业其他产品的资料也可以阅读。通过电子邮件，广告浏览者可以方便地在线提交申请表单，向厂商咨询有关情况和服务。消息在很短的时间内就能传达给厂商，并根据客户的建议和要求及时做出反馈。

网络广告提供的这种交互功能顺应了人们快节奏工作和生活的需要，因此更多的消费者被它吸引。同时企业可以利用网络及时监测功能对访问者类型、访问的时间、访问的地区进行统计，从而广告的实际效果得到了解，并广告实现的频率可以随时修改或实时改变创意。

（三）冲击

网络广告实时性和直接性特点逐渐影响着在传统媒体上做广告的客商，在形态上网络广告有了很大的创新，传统媒体广告中一些新的创意也是从网络广告中收到的启发，网络广告的一些创意也被电视等媒体广告所借用。网络所提供的创意也将影响着厂商，他们开始怀疑传统媒体的既定标准和限制。同时，现有也有必要重新关注的广告理论厂商，让人对于强调频率观念的电视系列广告的效益产生了质疑，将刺激营销厂商重新评估对于传统媒体的使用。网络广告不仅寻找目标顾客成本较低，回应率较高，而且获得的顾客信息都比较好。因此，可以预见，针对特定目标对象的营销经费，将越来越多从传统媒体以及直销信函转移到互联网上来。网络广告将促使企业提高对传统媒体广告在效益与标准上的要求。同时现有的广告理论也可能会因此需要作相应调整、修订。

（四）覆盖范围

当今网络已经覆盖 186 个国家，全球的上网人数大约有 4 亿多，并且还呈现出不断增长的趋势。网络连接着世界范围内的计算机，它是一个全球性的信息传输网络，由大大小小遍及世界各地的各种网络按照一定的通信协议形成。因此，时间和地域无法限制互联网络发布广告信息，因此网络广告覆盖的范围非常广。绝网络广告和大多数的电视、广播、报纸及杂志只是地区性和专业性的不一样，它可以最快的速度把产品介绍给全球的客户。

（五）购买力

之所以网络广告的目标群体是以文化水准、消费能力都相对较高而且最具活力的消费群体，是因为网络对其用户在物资设备、经济收入方面等有一定要求。所以在我国，有较高学力的人群占上网人群的比例最多，中高收入的人群中上网人数的比例也较高、白领人员上网的比例较高，他们或者消费水平比较高，或者消费观念比较新。他们是整个市场里耐用消费品、不动产、旅游产品、精神消费品等商品的主要顾客群。

（六）注意力

注意力是指心理活动对一定事物的指向和集中。注意力经济学理论认为，人类文明的各个时期都存在着稀缺资源。农业文明时期土地资源有限、工业文明中能源、矿产储量固定，而在信息时代，注意力是最大的稀缺。因此，人们越来越多的提及注意力资源的保护问题。注意力经济指的就是在网络时代，产品、信息的提供者为了推出自己的产品和信息必须想尽办法获取及保持消费者与公众的注意力。网络广告的受众关注程度远远高于传统广告的受众关注程度。

（七）广告发布

广告代理制是传统广告发布主要实现形式，即广告计划是由企业委托广告公司实施的，广告媒介通过广告公司来承揽广告业务。广告公司同时作为广告媒体的代理人和广告客户代理人提供双向的服务。对于企业来说在网络上发布广告有更大的自主权，不仅能自行发布，还能通过广告代理商发布。

（八）广告对象

广告对象是依据消费者的需求偏好、购买行为和购买习惯的差异性，按照一定的标准细分，把整个市场划分为几个需求与愿望各个不相同的消费者群。由于网络广告对操作者物资设备的要求，对操作者文化水平的要求、对操作者经济收入的要求、自然地对广大消费者做了第一层次的市场细分，从全体消费者分离出了网民这一具有某些共同特质的消费者群。

（九）广告效果评定

传统广告效果的测评一般情况下是通过邀请部分消费者和专家座谈评价，或调查视听率发行量，或统计销售业绩分析销售效果。网络广告效果因为技术上的优势，成功的克服了传统媒体上述的不足。网络交互性使得消费者可以在浏览访问广告站点时直接在线提意见反馈信息。企业可以很快地了解到广告信息的传播效果和消费者的看法。网络广告效果评估不需要人员参与访问，调查者个人主观意向对被调查者产生影响得以避免了。因而得到的反馈更加符合消费者本身的感受，使得信息更加客观而可靠。

第二节 网络广告策划

一、网络广告的计划

（一）网络广告的目标

广告目标指引着广告的方向，只有明确了网络广告活动的总体目标之后，广告策划者才能决定网络广告的内容、形式、创意，甚至包括网站的选择、广告对象的确定。

1. 建立品牌认知或偏好

这类广告对销售的影响是间接的，重点在于强调产品情感和功能利益，测量其成功的指标是广告在提高顾客对品牌的认知、回忆和偏好上的影响。

2. 促使顾客及时购买

这类广告重点放在价格优惠和促销活动上，如优惠券、抽奖和赠品等，其成功用销售量的提高来测量。

3. 刺激客户交互行为

促使客户参与和企业的互动，其成功的测量指标包括点击率、注册数量和请求信息的数量。

（二）网络广告的目标受众

网络广告的目标受众决定着网络广告的表现形式、广告内容、发布站点的选择，也影响着最终的广告效果。网络广告的目标受众包括企业的现有客户和潜在客户。只有准确地识别出目标受众，才能制定出适合其特征的媒体组合和广告设计，达到最好的传播效果。

（三）确定大众沟通目标及个体沟通目标

Internet 可以同时作为大众型媒体和个体型媒体加以利用。因此，一方面，网络营销人员应确定目标受众的主要反应层次，并据此确定大众沟通目标；另一方面，网络营销人员应对来自个体的反应测试结果存档，建立顾客数据库，并确定针对个人的营销沟通目标。由于营销数据库中记录有该顾客迄今为止的认知和行为过程，网络营销人员便可实施个人跟踪性沟通，从而更有效地推进顾客的反应过程。

（四）选择网络广告服务提供商

网络上有许多信息服务商，设置了不同类别的信息网点，企业通过选择信息服务商进入不同的网点。同时由于网上各类信息混杂，网络服务商良莠不齐；因此，如何正确地选择网络服务商，对于企业是否能够成功进行网上广告具有十分重要的意义。

（五）设计网络广告信息

在网络上，强烈清晰的文案比制作复杂的影音文件更能吸引上网者点击。所以，网络广告信息在互联网上发布时应力求简洁，多采用文字信息。

（六）确定网络广告预算

网络广告预算是指在网络营销人员进行网络广告活动之前对广告费用的预算，同时预算网络营销人员能为本次广告活动支付多少费用。制定广告预算时，正确的做法是根据不同市场的差别、品牌定位和竞争对手的策略来制定广告预算，而不是单凭经验事先制定好所谓的经验比例。

网络营销中常用的广告预算模式有销售百分比法、竞争对等法和目标任务法等。

二、网络广告的执行

当前期的准备工作完毕之后，企业就要开始实施网络广告计划。

（一）自主创建

企业自己组织一批人，建立网络营销广告部，由他们来进行网络广告的整体策划和网络媒体的购买。这种做法的好处是企业可以控制整个网络营销投放过程，但企业并不是广告方面的专家，自己进行投放会有很多困难，如需要雇用相应专业的人员等。

（二）建立代理

与专业的广告公司建立代理关系，请他们从专业的角度来帮助企业合理地投放广告。目前，已有很多家广告公司建立了自己的互动中心，专门从事网络营销广告的投放。一般这些专属广告公司的互动中心与各个网络媒体和网络服务商之间都有较为密切的联系，能够帮助企业制定传播计划，进行网络广告的创意和网络媒体的选择和购买，并且在媒介购买商可以因为购买量大而获得价格上的折扣。

三、网上广告效果评估

（一）网络广告效果评估及其意义

网络广告效果包含两方面的含义，一，网络广告活动的效果：二，网络广告本身的效果。网络广告效果同传统广告效果一样具有复合性，包括传播效果、经济效果、社会效果。而网络广告效果的评估就是利用一定的指标、方法和技术对网络广告效果进行综合衡量和评定的活动，相应地，网络广告效果的评估也应该包括传播效果评估、经济效果评估和社会效果评估。

（二）提高网络广告效果的途径

1. 确定目标顾客

要了解企业的产品是面向哪一类顾客，以便因地制宜在适合的网站发表广告。

2. 选择合适的广告网站

即使 CPM 价格一样，在人流量不同的网站做广告效果完全不同。高人流量的网站使你获得所需效果的时间大大缩短，从而为你赢得了时间。企业也可以尽可能取选择收费相对低廉的网站以减少费用的支出，当然他的投入和所得的收益也是成正比的，关键要看企业要达到的目的而定。

3. 网页上方比下方效果好

统计表明，许多访客不愿意通过拖动滚动条来获取内容，因而放在网页上方和网页下方的广告所能获得的点击率是不同的。放在网页上方的广告点击率通常可达到 3.5% ~ 4%。

4. 广告面积越大越好

显而易见，一个大的广告图形更容易吸引用户的注意。当然，不同大小的横幅价格也会不同。

5. 勤换图片并适当运用动画图片

研究表明，当同一个图片设置一段时间以后，点击率开始下降。而当更换图片以后，点击率又会增加。所以保持新鲜感是吸引访客的一个好办法。

6. 使广告靠近网站最主要内容

通常综合网站都会有“What’s New”或者发布网站自身新闻的位置，这往往是一个网站中最吸引人的部分，因此广告如果放在这个位置附近会吸引更多人的注意。

7. 重视纯文字的作用

在电子邮件杂志中可以放置纯文字广告，由于纯文字广告通常可以表现 100 字左右的文字内容，而且几乎不影响下载速度，所以措辞得当的纯文字广告甚至可获得高达 12%的点击率。

8. 综合运用各种促销手段

要想使网上广告发挥更大的作用，不能离开传统营业推广的方式和手段。也就是说要考虑网上、网下多种手段、多种方式的立体组合。

（三）网络广告的效果检测

1. 通过服务器端的访问统计软件随时进行监测

对广告进行分析时，广告主可以使用一些专门的软件（如目前有一种专门用于广告分析的软件 Open adstream），建立详尽的列表。通过这些列表，广告主可以随时知道在何时、有多少人访问过载有广告的页面，又有多少人通过广告直接链接到广告主自己的网址等。不同的程序有大量不同的显示数据的选项，包括图表。

2. 通过查看客户反馈量

一般来说，如果投放的广告受到强烈的反应，反馈量增加得非常快，这就表明广告投放得十分成功；反之，就表明投放的广告不是很成功。广告投放的效果广告主可以通过客户的反馈量和 E-mail 在广告投放后是否大量增加来判断。

3. 通过专门广告测评机构充当权威监测人

传统媒体广告通常都是通过专业机构的收视率、收听率、发行量等指标来衡量媒体的优劣。而网络广告效果的监测还是一个尚待开发的领域，目前还没有公认的网络广告权威监测机构。我国到直到今日为止还没有专业的网络广告监测机构，这严重制约了网络广告的正常发展。网络广告监测机构还处在发展的起步阶段，相信随着时间的推移，网络广告监测机构会逐步发展和完善。

第三节 网络广告评估

一、网络广告的评价方法

（一）加权计算法

所谓加权计算法就是在广告投放后的一定时间内，对网络广告产生效果的不同层面给予不一样的权重，以此来判断不同种类的广告产生效果的差别。这种方法实际上是对不同投放媒体，或者不同投放周期、不同广告形式等情况下的广告效果进行比较，而不只是反映某次广告投放所产生的效果。显然，加权计算法要建立在对广告效果有基本监测统计手段的基础之上。

权重的设定，是加权计算法最后结果最重要的影响因素之一，比如，假定每次点击的权重增加到 0.05，那么结果就有很大差别，有时甚至完全不一样，如何决定权重，其前提是需要对大量统计资料分析，对用户浏览数量与实际购买之间的比例有一个相对准确的统计结果

（二）对比分析法

无论是邮件广告，还是 BANNER 广告，因为都涉及点击率或者回应率以外的效果，因此，除了可以十分精确跟踪统计的技术指标外，利用比较传统的对比分析法仍然具有非常重要的现实意义。当然，网络广告形式不同，对比的内容和方法也不尽相同。

对于 E-mail 广告来说，除了产生直接反应之外，利用 E-mail 还可以有许多其他方面的作用，这种评价方式也就是采用对比研究的方法：将那些收到 E-mail 顾客的态度和没有收到 E-mail 顾客的态度做对比，这是评价 E-mail 营销对顾客产生影响的典型的经验判断法。利用这种方法，也可以比较不同类型 E-mail 对顾客所产生的效果。

（三）点击率与转化率

最基本的评价指标是点击率是网络广告，这也是反映网络广告最有说服力、最直接的量化指标，不过，随着人们对网络广告不断地了解深入，好奇心也随之减小，点击率也就越来越小，除了非常有吸引力或有创意的广告，造成这种状况的原因是多方面的。因此，平均不到1%的点击率已经不可能充分反映网络广告的真正效果。于是，越来越重要的是对点击以外的效果评价问题，另一个指标与点击率相关——转化率，那些观看而没有点击广告所产生的效果都是通过它来反映。

虽然转化率的概念对增强网络广告的信息有一定的意义，但问题是，转化率怎么来监测，在操作中还有一定的难度，因此，全面评价网络广告的效果仍然是比较复杂的问题。

二、影响网络广告效果的主要因素

（一）互联网用户行为对网络广告的影响

从根本上说，是用户的行为最终决定了网络广告的效果，点击率下降是由于访问者不去点击或者很少点击广告的直接反映。因此，认真研究用户对网络广告的态度和特点，对于有针对性地增强网络广告效果具有积极的作用。

（二）网络广告规格形式对效果的影响

早期的网络广告以 468×60 像素为主，在网上信息和网络广告数量较少的情况下可以获得比较满意的效果。但由于标志广告只能承载有限的信息，如果需要了解更详细的内容，则需要通过点击进入一个包含更多内容的网页或者是广告主自己的网站。

许多用户在浏览网页内容时并不希望当前的活动被打断，一次可能不会立即点击网络广告。针对这种情况，有两种常见的措施：①使用更加醒目的颜色；②增加信息量。

用户对不同形式的网络广告接受程度也是不一样的。许多调查公司的调查数据表明，用户对于弹出式广告的厌恶程度几乎等同于垃圾邮件。有些用户尝试应用屏蔽网络广告的程序，也有一些网站已经决定禁止使用网站上的弹出广告。但是，由于缺乏相应的法律和标准，很难在短期内彻底解决这一问题。因此对于如何使用弹出式广告的问题并没有得到一致的意见。

（三）网络广告设计与投放对效果的影响

1．网络广告设计主题不明确

网络广告的效果主要表现在品牌推广和销售促进上，并且网络广告的期望反应是用户点击和浏览。如果对此没有明确的认识，在有限的广告区域中表现过多的要素，反而显得主题不够明确，用户也难以对广告留下深刻的印象。

2．网络广告设计缺乏吸引力

尽管网络广告的创意难以用统一的标准衡量，但缺乏吸引力的网络广告都具有类似的特征，如颜色和图案没有视觉上的冲击力，广告文案表达过于直白，使用户没有兴趣浏览和点击。

3．网络广告信息内容差异的影响

用户对网络广告不同的诉求内容的接近程度不同，一些具有公益性、有奖竞赛和优惠券等相关内容更能引起关注。因此，合理利用用户感兴趣的信息才能减少内容差异对网络广告效果的影响。

4．网络广告字节数太大

字节数太大的网络广告降低了网页下载的速度，这样可能使得一些用户没等到广告完全下载就停止了浏览。因此，一般专业的服务商对于各种规格网络广告的字节数都有一定的限制，超过限度的广告将不会被接受。

三、增进网络广告效果的措施

（一）重视网络广告策略调研

从制定网络广告计划到网络广告设计制作、选择网络广告资源并投放广告，每一个环节都需要进行充分的调研，这样才能做到有的放矢。网络

广告调研的主要内容包括：竞争者的网络广告策略、网络广告的可能效果、网络广告的价格、网络广告设计的关键因素等。

（二）设计有针对性的网络广告

针对性有两个方面的含义，一是针对不同阶段产品品牌的特点，二是针对用户浏览网络广告的行为特点。设计一个能引起注意的，有创意的网络广告，是网络广告成功的基础。

BANNER 广告要在几秒甚至是 1 秒之内抓住读者的注意力，否则，访问者很快就会忽略网络广告的存在。在网络广告设计方面，需要掌握一定的技巧和原则，这样才能引起用户的关注和点击。实践表明，含有号召性字句的 BANNER 广告点击率会上升 15%，而且根据心理学的规律，这列词语以放在 BANNER 的右侧部分为宜，因为这符合人们的视觉游动顺序。

（三）优化网络广告资源组合

当选择了网络广告资源及其资源组合之后，还有必要进一步认真研究网络广告投放的时间和周期以及网络广告在不同网络媒体中的表现形式和投放位置等具体的问题，从而保证网络广告投放的针对性和实际影响，使每个网络广告在每一个相应的网络媒体中达到最佳效果。

网络广告最终要依赖于广告媒体资源才能被用户浏览，因此网络广告资源的选择对广告效果产生直接的影响。

（四）对网络广告效果进行跟踪控制

专业网络广告服务商的广告管理系统一般具有广告用户实时查看广告效果统计的功能，可以查看的主要指标包括每个网络广告的显示次数、点击率、广告费用清单等内容，一些高级功能还可以向广告客户提供改进广告组合效果的建议。根据对各种可以掌握的资料分析，不仅可以明确网络广告所产生的效果，并且可以及时发现存在的问题，对表现不理想的广告和网络媒体进行必要的调整，从而对网络广告效果进行控制，最终实现整体效果最大化的原则。

第八章　企业网络营销的推广

第一节　企业网站

一、企业网站的本质和特点分析

企业网站，作为网络营销的一个综合性工具而言，相较于其他工具——搜索引擎、电子邮件等，具有自身的特殊性，主要表现在以下几个方面。

（一）相对稳定性

该特性主要包含两方面的含义。

首先，如果一个企业网站被全部设计完成并正式投入运作，它将在未来的一定时期内基本保持稳定，除非在运行下一个阶段要实行功能升级时，才能对网站的功能进行更新或替换。不管是对于网站的正常运营维护来说，还是对于一些一般的网络营销方法的应用而言，企业网站的相对稳定性都是非常重要的，一个变化多端的企业网站对该企业的网络营销有害无益。

其次，企业网站的功能既然具有相对稳定性，那么就同时意味着如果网站在某些功能方面存在一定缺陷，在网站功能进行更新之前的一段时期内，将对网络营销效果的发挥产生一定的影响。所以，在进行企业网站策划之前需要充分考虑到这一特点，以保证在一定时期内网站功能的普遍适用以及网站信息的时新性。

（二）灵活性和自主性

由于企业本身的需要，才有了企业网站的建立，而其他网络服务商并不参与经营，因此在功能上，企业网站具有较大的灵活性和自主性，不同的企业网站，其功能和内容往往会有较大的差别。一个企业网站的效果是好是坏，是由企业自身决定的，因为只有对企业网站有了全面、正确的认识，才能根据企业营销策略的需要随机应变，才能在技术上、经济上实现达到一定目的。

（三）为其他网络营销工具奠定基础

作为一个综合性的网络营销工具，企业网站的特性决定了它在网络营销中所发挥的作用并不是单一、孤立的。企业网站除了与其他营销方法具有密切的直接关系外，还是全面开展网络营销的基本条件。通常，一个完整的网络营销方法体系可分为两个分支：一个是基于企业网站的网络营销，一个是无站点网络营销。其中，前者在网络营销中始终处于支配地位。

（四）通过其他的网络营销手段才能将其功能体现出来

一个企业网站具有怎样的网络营销价值，必须通过该网站的各种功能和各种网络营销手段才能体现出来，以网站的功能和信息为营销基础，以应用网络营销方法为主要条件。倘若建设一个企业网站却不能很好地有效利用，那么该网站也发挥不出其应有的作用，此时，即使功能再完善的企业网站，不能吸收用户前来浏览和购买产品，也就理所当然成了摆设，没有丝毫价值，因此，还是不能忽视网站推广的重要性。另外，在实际应用中，许多企业不能及时地更新网站内容，使得消费者产生视觉疲劳；有的企业甚至将用户的咨询邮件也扔在一边不予回复，如此，该企业网站即使存在也无法发挥其应有的作用。

（五）主动性和被动性

企业网站的主动性表现在：企业可以主动在自己的网站上发布各种信息；企业网站的被动性表现在：企业在网站上发布的信息能不能够被用户阅读、获取，或者说能不能够传递给用户，企业无法决定，而只能被动地等待用户的反馈。从信息传递的方式上来讲，企业网站的主动性和被动性同时也是其区别于其他网络营销工具，如电子邮件、搜索引擎等的主要差异。电子邮件在信息的传递上基本掌握了主动，企业可以完全决定信息发送的内容和时间。搜索引擎则完全是被动的，只有用户主动通过与企业相关的关键词进行检索，并且在检索结果中点击到本企业发布的信息，企业才能知道自己发布的信息有多少访问量以及是否传递给了消费者。

二、企业网站的主要功能研究

建立一个企业网站，不是为了赶时髦或者标榜自己的实力，重要的是在于让网站真正发挥作用，使其成为有效的网站营销工具和网上销售渠道。一个成功的网站需要市场、销售、公关、客户服务等相关部门人员协同专业技术人员共同完成。企业网站的营销功能主要表现在十个方面：主动抢占先进、企业形象、产品/服务展示、信息发布、客户关系、客户服务、网上联盟、网上调查、网络广告和网上销售。

（一）主动抢占先机

企业上网，这是时代发展的必然，任何一家企业要想跟上时代发展的潮流，必须尽快上网。为了不被竞争对手通过建立网站抢占先机，为了顺应时代潮流，应该考虑建站的必要性。

（二）企业形象

企业网站的形象代表着企业的网上品牌形象，人们通过访问企业网站对该企业的各个方面有一个大致的了解。通过网站，企业可以在 Internet 上展示企业的实力，宣传企业的产品和服务等。

（三）产品/服务展示

客户访问企业网站的主要目的是为了对公司的产品和服务进行深入的了解，企业网站的主要价值也就在于灵活地向客户展示产品说明及图片，甚至多媒体信息。

（四）信息发布

网站是一个信息载体，在法律许可的范围内，可以发布一切有利于企业形象、产品信息、客户服务以及促进销售的企业新闻、各种促销信息、招标信息和合作信息等。现在一般企业网站多采用后台信息发布的方式，企业网站上的多数信息都可以通过信息发布功能来实现。

（五）客户关系

有些企业网站通过网络社区来吸引客户参与，将客户组织起来，成立一个“虚拟”社区，客户可以通过网络社区这种沟通方式分享彼此收集的信息，进行社交活动。现在，有许多企业网站还在网上建立了客户关系管理系统，不仅开展客户服务，同时也助于增进客户关系。

（六）客户服务

通过企业网站可以为客户提供各种在线服务和帮助信息。比如大部分企业网站都建立了常见问题解答系统（FAO），有的还有邮件列表、BBS 等，向客户提供形式多样的网上服务。

（七）网上联盟

为了获得更好的网上推广效果，需要与供应商、经销商、客户网站以及其他内容互补或者相关的企业建立网上合作关系。

（八）网上调查

通过使用企业网站上的在线调查表或者电子邮件等方式，用于产品调查、消费者行为调查、品牌形象调查等，获得用户的反馈信息，完成网上市场调查。

（九）网络广告

企业可以利用自己或别人的网页在网上打广告。一些专业的网络服务者在网上开设汇总信息的大型信息服务系统（称 ISP 网站），面向企业提供广告服务业务。网上广告通常把一个醒目的图形贴在 ISP 的网页上，通过该图形可以链接更多和更具体的广告信息，其信息量可以很大。

（十）网上销售

增加销售是建立企业网站及开展网络营销活动的目的之一。一个功能完善的企业网站本身就可以完成订单确认、网上支付等电子商务功能，即企业网站本身就是一个销售渠道。

三、企业网站的主要内容

针对大多数企业网站而言，我们根据企业网站的基本功能，可以归纳出企业网站的主要内容有如下几类，这些内容也是网站建设中规划网站栏目结构时应该考虑的因素。

（一）公司概况

公司概况主要是让访问者对公司的情况有一个概括性的了解，尽量提高公司资信的透明度，让客户从多个方面了解公司的状况。在公司概括中，如果内容比较丰富，可以进一步分解为若干子栏目，如公司背景、发展历程、主要业绩、公司动态和组织结构等。这些作为网络推广的第一步，亦可能是非常重要的一步。

（二）网站帮助系统

把网站帮助系统放在第一位，是因为用户的体验是最重要的，要让客户随时可以得到帮助，任何时候都方便操作。只有好的用户体验，才有回头率，才有口碑营销。只有把用户摆在第一位的网站，才是一个成功的企业网站。

（三）客户服务

客户服务主要提供客户服务和技术帮助信息。满意的客户服务必定带来丰厚的回报。网站的客户服务常见的有产品说明书、产品使用常识及在线问答等。例如，有许多企业网站提供常见问题解答（FAQ），网上自动回答用户的常见问题。

（四）产品信息

企业网站上的产品信息应全面反映所有系列和各种型号的产品，对产品进行详尽地介绍。为了方便客户在网上查看，有的产品还需配以图片、视频和音频信息等。用户的购买决策是一个复杂的过程，其中可能受到多种因素的影响，因此企业在产品信息中除了添加产品型号、性能等基本信息之外，其他有助于用户产生信任和购买决策的信息，如用户评论、权威机构认证等都可以适当地发布到企业网站上。

（五）网上订购

现实中用户直接在网上订货的并不一定多，但网上看货网下购买的现象比较普遍，尤其是价格比较贵或销售渠道比较少的商品。但是也有许多网站已经提供了网上销售系统，允许客户在线购买，大大地方便了客户。即使企业网站并没有实现整个电子商务流程，针对相关产品为用户设计一个网上订购程序仍然是必要的。这样可以免去用户打电话或者发电子邮件订购的许多麻烦。

（六）联系信息

企业网站上应该提供足够详尽的联系信息，除了企业的地址、电话、传真、邮政编码、E-mail 地址等基本信息之外，最好能详细地列出客户或者业务伙伴可能需要联系的具体部门的联系方式。对于有分支机构的企业，同时还应当有各地分支机构的联系方式，在为客户提供方便的同时，也起到了对各地业务的支持作用。

（七）售后服务

有关质量保证条款、售后服务措施，以及各地售后服务的联系方式等是用户比较关心的信息。而且，是否可以在本地获得售后服务往往是影响用户购买决策的重要因素，应该尽可能详细。

（八）市场调研

市场调研是营销的基础和关键环节，网上调研具有传统的市场调研不可比拟的优势。网上调研可以提供多种在线调查表格，收集客户对产品或服务的评价、建议等传统调研方式所能获得的大部分信息。由此可以建立起市场信息的数据库，作为营销决策的基础。

（九）其他信息

根据企业的需要，可以在网站上发表其他有关的信息，如招聘信息、采购信息等。也可以是本企业、合作伙伴、经销商或客户的一些新闻、产品发展趋势等信息。[①]

四、企业网站与网络营销的关系

企业网站是企业进行电子商务及网络营销的工具与窗口，故企业网站与网络营销有密切关系，主要可以从以下几个方面理解。

（一）地位和作用方面

从地位和作用方面来看，网站建设在网络营销中占有非常重要的地位，且是其不可缺少的组成部分，没有企业网站中各个功能的支持就不可能有效地开展网络营销；同时，网络营销效果的好坏直接由网站建设的专业水平所影响，这种影响的表现是多方面的，如品牌形象、在搜索引擎中被用户检索到的机会多少等。所以，在策划和建设网站时期就要根据网站的需要充分考虑到应该采取怎样的网络营销方法才合适，从多个方面着手，例如网站结构、网站功能、网站内容、信息发布方式、搜索引擎优化等。

（二）开展程序方面

从开展程序方面来看，企业开展网络营销并不是以完成网站建设作为该过程的终结。网站建设的完成奠定了网络营销的基础，为其实现各种职能（如在线顾客服务、网站推广等）以及实施各种重要的网络营销方法（如邮件列表营销、搜索引擎营销、网络会员制营销等）做了充足的准备和条

① 沈美莉，陈孟建，徐慧剑．网络营销与策划[M]．北京：人民邮电出版社，2007：241.

件。通常，在制定好一个网络营销策略之后，就应该首先开始实施对企业网站的建设和策划。

（三）信息来源和传递渠道方面

从信息来源和传递渠道方面来看，企业网站内容为网络营销提供了信息源的基础。因为企业发布信息的第一场所就是企业网站，企业网站是企业形象和观点的代表，其表现形式理应是认真而严肃的。而除了企业网站之外的其他网络营销方法，在网络营销信息的传递上，基本都是参照企业网站的信息，具体表现为两种方式：①通过一定的手段，直接将营销信息源传送到潜在用户手中；②通过各种推广方法，将用户吸引到企业网站上来，从而实现信息的传递。

第二节　企业网站建设

一、企业网站建设的原则

企业建立自己的网站应该遵循一定的原则，有利于企业自身目的和目标的实现，具体说来，企业建站主要有以下方面的原则。

（一）主题鲜明原则

网站建设的总体设计方案不仅要有明确的目标，而且其构思还要够创意，在整体风格和特色上有准确的定位，合理规划网站建设的整体布局和组织结构。同时，Web 站点还要根据不同的服务对象（个人、机构等）设计不同的内容和形式。有的可以只用简洁的文本信息展示；有的则需要采用各种多媒体表现手法，表现华丽的图像、复杂的页面布置、闪烁的灯光等；有的还可以放置音频装置或录像片段等。一个好的 Web 站点设计者，懂得如何将图形表现手法与有效的组织、通信手段结合起来；懂得如何做到主题鲜明，要点突出，利用简单的语言和画面技术合理地体现站点的主旨，充分展现网站的情趣和个性特色。

（二）建设目标和用户需求明确原则

建立和设计一个 Web 站点，可以很好地推广企业的产品和服务，展现企业的形象，并体现企业的发展战略，所以需要对站点的设计目标和用户需求进行明确，才能做出切实可行的建设计划。具体做法是：根据市场状况和消费者的需求以及企业自身的发展状况等进行综合分析，时刻牢记是以消费者而非“美术”为设计中心，进行规划。同时还要考虑以下一些问题：①建设网站有什么目的？②该网站为哪些群体提供产品和服务？③该网站可以提供哪些产品和服务？④企业产品和服务的目标消费者及受众有什么特点？等。

（三）网页的形式和内容相统一原则

要使网站的页面看起来和谐一致，必须保持其多样的形式与丰富的意义之间的完美统一，网站的形式语言必须与页面的内容相符合，才能体现出内容的丰富含义。可以采用适当的技术手段，如：对比与调和、韵律与节奏、平衡与对称、留白等，将文字与空间、文字与图形、空间与图形之间建立起均衡的相互关系，产生和谐的美感。如果单纯使用对称，会显得太过于均衡而使页面呆板，适当地加入一些富有动感的图案或文字，利用夸张的表现手法等则往往会起到画龙点睛的效果。在视觉语言中，点、线、面作为几大基本元素，如果能够互相穿插、互相补充、互相衬托，便能够构成最佳的页面效果，表达出完美的设计意境。

（四）合理运用色彩原则

个性的艺术表现少不了色彩要素的参与。网页设计者，可以通过搭配和组合不同的色彩，来表现和谐、均衡的意义，突出重点，构建美丽的页面。不同的色彩会对人们产生不同的心理影响，如果能合理地运用色彩的意义，便能为企业产品的销量带来不同的结果。根据色彩的记忆性原则，通常暖色的记忆性比冷色强；根据色彩的联想与象征性，通常红色代表着血、太阳等物质；蓝色代表着大海、水面、天空等物质。例如：一个出售冷食的商家在设计网页时，应尽量使用沉静而淡雅的颜色，因为会给人产生凉爽的感觉，才会促进人的购买欲望。一个网页中可使用多少种颜色，并没有数量的限制，不过也不能毫无节制、胡乱堆砌，通常要在符合总体风格的要求下突出一到两种主色调。

此外，还应注意：不同国家、不同种族、不同宗教和信仰的人对同一的色彩的看法也可能会有千差万别，因为受到的生活方式不同、地理位置的偏差、文化修养程度不同等，不同人群对色彩的喜恶程度往往有着很大的差异。例如草原蒙古人民一般喜欢红色；儿童一般喜欢鲜艳、亮丽的纯颜色；沙漠地区的人们一般喜欢绿色；城市中的人们一般喜欢淡雅清淡的颜色。因此，在设计网页时还要充分考虑目标客户群体的背景和构成。

（五）版式布局的合理性原则

一个完整的网站，当然包括了丰富的内容，即视觉语言，因此就要讲究布局和编排，尽管设计主页不像设计平面那样专业，但二者还是有许多相近之处，可以适当地加以利用和借鉴。利用文字、图形与空间的完美组合进行的版式设计，将每一段文字、每一个图形归于正确的位置，可以传达出和谐与美的意义，使得整个网页熠熠生辉。同时，对于多页面的站点，在版式的编排和设计时，还应把各页面之间的相互联系有机地反映出来，尤其是要处理好页面之间的关系以及页面内部内容秩序之间的关系。此外，还应注意页面整体布局的合理性，以达到最佳的页面视觉表现效果，给用户留下深刻的印象。

（六）空间层次感原则

一个网页本身只是一个平面结构，但可以假想成一个三维空间，因为页面中包含了图像比例关系、动静变化等空间因素。通过图片、文字位置的前后叠压，以及页面位置的不断变化，可以呈现出完全不同的视觉效果。目前，利用图片、文字前后叠压的手段来展现空间层次的现象仍不多见，常见的是一些简明扼要、设计规范的页面，而前者的节奏感、空间层次感、视觉效果感显然比后者要强烈的多。网页上一般的空间关系无非是由上、下、左、右、中的位置变换以及各内容之间的疏密位置关系所产生的，这些位置关系的不同使得页面的空间层次饱满而富有弹性，且能使人感觉到或轻松或紧迫的心理状态。然而，随着三维页面制作技术——VRML 语言的诞生，人们已不仅仅满足于由 HTML 语言编制和设计的二维 Web 页面，而是更多地受到三维世界的吸引，将虚拟现实在 Web 页面上的风采展示得更加迷人。

（七）良好的售后服务原则

当企业的 Web 站点建好之后，并不是就可以一劳永逸了，而要不断地更新内容。这样做不仅可以让浏览者随时了解到本企业的最新发展动态和网上事务等，而且还能帮助企业获得信任感，有利于其良好形象的建立。在商品售出之后，并不意味着交易的结束，良好的售后服务也很重要。网站的售后人员要对用户的询问进行认真的回复，不管是电子邮件还是传统的联系方式如电话垂询、信件和传真等，都要不厌其烦，做到有问必答。可以将用户的用意分成不同的类别，如售前的一般了解以及售后服务等，分别交由不同的部门进行处理，这样不仅可以提高回复的效率，还会使访问者产生对企业的真实信任感。但需要注意的是：做不到的事情，不要向客户轻易许诺；在真正能够做到或者有能力处理回复前，切勿请求客户提供一大堆信息，给他们造成满怀希望的错觉；如果一定需要客户提供个人信息，必须在他们自愿的情况下，且应明示并严格履行对客户个人隐私的保护。

（八）适当运用新技术和多媒体原则

随着时间的推移，几乎每天都会出现各种新颖的网站建设制作技术，如果是非专业介绍网络技术的网络站点，就需要合理地运用各种网页制作的新技术。但是，也不能过于堆砌形成这些制作技术的展台，因为网站页面上信息永远是最重要的，如何让用户快捷、方便地获取所需要的信息才是运用这些技术要达到的目的。一个优秀的网站设计者，必须随时学习了解、跟踪掌握最新的网页设计技术，如 XML、DHTML 技术等，同时还要将其合理地应用到网站的建设和设计中去，并符合网页的内容和形式的要求。

多媒体功能是网络资源最重要的优势之一。为了吸引浏览者的注意，往往可以在页面上配以三维动画和 Flash 等内容来表现主题。但不得不注意的是，由于我国大部分的网络带宽还存在很大限制，浏览者往往不愿意接受长时间的缓冲等待，因此需要注意这些多媒体的内存大小。

此外，在企业网站的使用过程中，还要对网站进行测试和改进，即适当模拟用户对网站建设的过程进行询问，以此发现网站存在的问题并努力改进。同时还要注意尽量让用户参与到网站的建设和测试中来。①

二、企业网站建设的步骤

创建一个企业的网站大致有以下几个步骤。

（一）域名申请

域名是企业在互联网世界中的名称，要便于记忆。通过注册域名，使企业在全球互联网上有唯一标识，也是社会各用户浏览该企业网站的门牌号和进入标识。同时，域名在全世界具有唯一性，它已成为一种企业竞争资源，一旦本应属于自己的域名被别人恶意注册，就会对企业带来不必要的损失。所以企业现在就应该考虑，是否要保护自己在互联网上的无形资产。一般来讲，带.cn 的域名 CNNIC（www.cnnic.net.cn）上申请；不带.cn 的在 INTERNIC（www.internic.net）上申请。

企业在选择域名注册商的时候，首先应该考虑注册商的业务代理级别，

① 乌跃良．网络营销[M]．大连：东北财经大学出版社，2009：101-103．

是顶级还是二级、三级，不同的业务代理级别代表着不同的服务档次，当然选择高级别的注册商才能保证服务质量。现在我们以中国万网（http://www. net. cn）为例，具体介绍一下域名注册步骤。

第一，登录中国万网（http://www. net. cn）网站。然后在这个网站上注册一个用户名。

第二，输入用户名和密码，登录该网站。

第三，查找你要注册的域名是否已被人注册。如果已被人注册则另外起一个。例如，选择了域名是“chinaEC”，输入后单击查询。

第四，如果你想注册的域名没有被人注册，就可以进行注册了。然后填写一个域名注册表单。表单提交后你的域名还没有生效，只是提交一个订单。交费后你的域名就能正式生效（不同的域名有不同的价格）。

第五，把你的域名解析到服务器 IP 上，在服务器上绑定你的域名，并且把你的文件上传到服务器上，这样就可以发布网站了。

（二）网站筹建方式的选择

注册域名后，选择 Web 服务器可以根据企业的各项资源情况而定。通常情况下，有以下几种方式可供企业选择。

1. 服务器托管

服务器托管是指企业自行购置主机服务器，并安装相应的系统软件及应用软件以实现用户独享专用高性能服务器，实现 WEB+FTP+MAIL+DNS 全部网络服务功能，但联网设备放在网络服务商的机房里，这样可以节省高昂的专线及网络设备费用。服务器托管有以下几点优点。

（1）成本较低：与单独构建机房和租用专线上网相比，其整体运营成本有较大降低。

（2）高速接入：利用高速线路实现无阻塞直接接入 CHINANET 骨干网，用户可以任意选择 2MB ~ 100MB（独享或共享）接入速率。

（3）可靠性高：电信级机房提供365天全天候营运服务，专业技术人员负责维护，网络稳定，安全性能更高。

（4）灵活性好：用户启动业务快，托管网络设备扩展方便。

托管商所提供的带宽主要有两种形式，一种是独享，比如独享1MB、独享10MB、独享100MB，就是指用户托管的这台服务器可以独享这个带宽，不和别的服务器分享，不会受到别的服务器干扰，价格方面自然比较高昂；另一种形式就是最常见的百兆共享，顾名思义，就是一个机柜有100MB带宽，供这个机柜里所有的服务器共享（一般放十几台），这种形式现在最普遍，价格相对较低，性能也不错，一般大家看各个网站的服务器托管报价都是指这个形式。

2. 虚拟主机方式

虚拟主机（Virtual Host/Virtual Server）是指使用特殊的软硬件技术，把一台计算机主机分成一台台“虚拟”的主机，每一台虚拟主机都具有独立的域名和IP地址（或共享的IP地址），具有完整的Internet服务器功能。在同一台硬件、同一个操作系统上，运行着为多个用户打开的不同的服务器程序，互不干扰。而各个用户拥有自己的一部分系统资源（IP地址、文件存储空间、内存和CPU时间等）。虚拟主机主要有如下特点。

（1）费用低：由于多台虚拟主机共享一台真实主机的资源，每个用户大幅度降低硬件费用、网络维护费用和通信线路的费用等，大大降低了企业或个人的网站成本。

（2）性能高：每一台主机都是采用性能很高的电脑，一台主机能够支持一定数量的虚拟主机，只有超过这个数量时，用户才会感到性能下降。如果配置得当，加上采用超高速的线路，虚拟主机的表现往往胜于采用较低速度（如256kbit/s、1.544Mbit/s）线路连接的独立主机。

对于大多数中小型企业来说，网站内容相对比较简单，以发布企业产品信息为主，信息量不大，没有必要自行配置Web服务器，租用虚拟主机是最为便利和廉价的方式。

3. 独立服务器

独立服务器是一款远比虚拟主机更高级的空间租用。对于经济实力雄厚且业务量较大的企业，也可以购置自己独立的服务器。它拥有对一个独立操作系统的完全控制权，可以自行安装程序，自定应用范围等。但这需要很高的费用及大量的人力、物力投入，合计起来的费用是虚拟主机的数十倍。

（三）网页制作

网页是网站的基本信息单位。通常一个网站是由众多不同内容的网页组成的。网页一般由文字和图片构成，复杂一些的网页还会有声音、图像、动画等多媒体内容。几乎所有的网页都包含链接，可以方便地跳转到其他相关网页或是相关网站。企业的基本信息是通过网页传达给客户的，网页制作是企业上网的基本项目之一。在网页制作时首先要清楚网站的目的及目标客户群的情况。

三、企业网站建设的技术

（一）网站基本设计与规划

1. 系统整体规划

网站的总体规划直接涉及网站的整体性能，要充分考虑系统的安全性和实用性。

（1）安全性。

涉及网站安全的隐患有很多，通常有三个方面的因素要重点考虑：一是网络服务器安全；二是远程管理等的账号安全；三是脚本安全。前两方面可以通过布置防火墙、远程登录验证等手段加以防范。脚本安全是指在网站上的 ASP、JSP、CGI 等服务器端运行的脚本代码安全问题，这要求在程序设计过程中要有所考虑，主要是 SQL 语句问题。SQL 语句的一些变量是通过用户提交的表单获取，如果对表单提交的数据没有做好过滤，对敏感字段进行了数据加密，攻击者就可以通过构造一些特殊的URL提交给系统，或者在表单中提交特别构造的字符串，造成SQL语句没有按预期的目的执行。另外，在程序中不要直接写入SQL语句，要通过服务器的存储过程调用来访问数据库，避免直接受到攻击。

（2）实用性。

充分调研网站的需求，制定、实现目标。对展现内容及栏目设置进行全面的把握和研究，明确相关信息的总体范围、种类及数量规模。在整体框架相对固定的基础上，尽量考虑栏目的可扩展性，要有预留栏目或模板界面，便于栏目的增减。

2．系统结构设计

网站系统通常采用三层结构设计：前台展现层、业务处理逻辑层和数据层。前台展现层主要由动态或静态网页构成，是系统的交互窗口，用户的访问请求和结果展示都由这部分实现。业务处理逻辑层主要是按照业务关系，完成各种计算、数据组织、展现结果转换等。数据层由数据库作为存储支持，完成数据的存储、加工提取，按照访问端的要求提交数据给逻辑层处理。这种结构设计的主要优点是：业务与网站分离，逻辑与数据分离，保证了系统的可扩展性和安全性，当用户业务逻辑发生变化时，只需更改中间层即可。在系统开发平台选择方面，目前的主流开发平台是J2EE和.NET 两种，J2EE 适合于大型的商业网站，在速度和安全性方面相对较好，.NET更适合于信息发布量不大的中小型网站，开发界面友好，可以和Windows系统很好地结合，Web服务器可以直接采用Windows的IIS，开发成本较低。

（二）网络编程语言

1．ASP

它是微软开发的一种类似HTML与CGI的结合体，它没有提供自己专门的编程语言，而是允许用户使用许多已有的脚本语言编写 ASP 的应用程序，ASP 的程序编制比 HTML 更方便且更有灵活性。它是在 Web 服务器端运行，运行后再将运行结果以 HTML 格式传送至客户端的浏览器。ASP 的最大好处是可以包含 HTML 标签，也可以直接存取数据库及使用无限扩充的 ActiveX 控件，因此在程序编制上要比 HTML 方便且更富灵活性。通过使用 ASP 的组件和对象技术，用户可以直接使用 ActiveX 控件，调用对象方法和属性，以简单的方式实现强大的交互功能。由于它基本上是局限于微软的操作系统平台上的，主要工作环境是微软的 IIS 应用程序结构，又因 ActiveX 对象具有平台特性，所以 ASP 技术不容易实现在跨平台 Web 服务器上工作。

2．PHP

PHP 是一种嵌入在 HTML 并由服务器解释的脚本语言，其语法借鉴了 C、JAVA、PERL 等语言，但只需要很少的编程知识就能使用 PHP 建立一个真正交互的 Web 站点。它可以用于管理动态内容、处理会话跟踪等，支持许多流行的数据库，包括 MySQL、PostgreSQL、Oracle、Sybase、Informix 和 Microsoft SQL Server，它与 HTML 语言具有非常好的兼容性，使用者可以直接在脚本代码中加入 HTML 标签，或者在 HTML 标签中加入脚本代码从而更好地实现页面控制。PHP 提供了标准的数据库接口，数据库连接方便，兼容性强，扩展性强，可以进行面向对象编程。PHP 的优点是，它是专为基于 Web 的问题而设计的，是开放源码，可以支持 Windows NT、Linux 或 Unix 等多种平台。

3．JSP

JSP 即 Java Server Pages，它是由 SUN 公司于 1999 年 6 月推出的新技术，是基于 JavaServlet 以及整个 JAVA 体系的 Web 开发技术。JSP 和 ASP 在技术方面有许多相似之处，不过两者来源于不同的技术规范组织，ASP

一般只应用于 Windows NT 平台，而 JSP 则可以在 85%以上的服务器上运行，而且基于 JSP 技术的应用程序比基于 ASP 的应用程序易于维护和管理，所以被许多人认为是未来最有发展前途的动态网站技术。

（三）数据库

1. Acess

Acess 是 Microsoft 公司推出的 Microsoft Office 组件之一。它是一些关于某个特定主题或者目的的信息集合，适合于简单小型信息系统。其优点是简单、易用、灵活；缺点是不支持大型应用。目前主流的动态网页已经很少使用了。

2. DB2

DB2 是 IBM 公司推出的企业级商用关系型数据库软件。其优点是具有广泛的应用性，全球 500 强企业 85%以上使用它，而我国使用较少；性能较高，适合于数据仓库和在线事物处理；能够在所有主流平台上运行，最适合海量数据，向下兼容性非常好，适合于大中型应用项目的开发。其缺点是，作为商用软件，价格较高，专业人才少，开发成本高。它一般同 IBM 的管理系统一起使用。

3. MySQL

MySQL 是一个真正的多用户、多线程 SQL 的开放源代码关系型数据库服务器。其支持标准的 SQL 语言。SQL 是世界上最流行和标准化的数据库语言。MySQL 是以一个客户机/服务器结构实现的，它由一个服务器守护程序 mysqld 和很多不同的客户程序、库组成。其优点是快速、灵活和易用，可以极大地降低系统的开发成本，完全免费，开发代码源，并且可以跨平台。它更适合中小型企业，尤其是在 Unix 平台上配合 PHP 或者 JSP 搭配使用，应用于 Unix 平台上的网站系统和企业小型业务系统具有良好的跨平台性。其缺点是，作为非商业软件，不支持存储等。

4. Qracle

Qracle 是甲骨文公司推出的大型商用关系型数据库，是数据库产品中的典范。其优点是 Qracle 数据库从性能、安全性、开放性、可伸缩性上都非常出色，尤其是在性能上保持了 Windows NT 下的 TPC-D 和 TPC-C 的世界纪录；良好的多平台支持性，能在所有主流平台上运行，规范的标准化，多层次网络计算，支持多种工业标准，采用完全开放策略；可以使客户选择最适合的解决方案。其缺点是，作为商用软件，价格昂贵，小规模企业很少使用，Qracle 数据库专业人才比较少，开发成本高。Qracle 适合于中型大型应用项目的开发。目前在电信、银行、电力、保险等大中型企业都广泛使用。

5. SQL Server

SQL Server 是 Microsoft 公司的商业数据库产品，也是目前 Windows 平台使用最多的数据库。其优点是界面友好，具有强大的 GUI，具备良好的易用性、商用稳定性，功能性比较强大。它支持存储过程、游标、C/S 架构与分布式运算，具备良好的安全性，价格适中。其缺点是运行平台单一，目前只可以在 Win32 平台上运行，多用户时性能不佳。它适用于部署在 Windows 平台的中型应用项目，目前企业中 Windows 平台中小项目大多使用该数据库。

第三节　企业网站推广

一、企业网站推广的原则

作为现代企业应潜心研究网络技术、开发专业产品，为客户提供一体化、系列化的服务，针对网络的发展情况，结合客户网站的特点，推出立体的网站推广服务。我们将网站推广分为两个部分：一是商业推广；二是技术推广。无论是技术推广还是商业推广都应具备一定的推广原则。

（一）网站的商业推广

1．经济性

网站推广要实现效果的最大化，一定要站在客户的角度，充分地进行权衡、比较，尽量少花钱，多办事。

2．有效性

商业网站开展网站推广，不是简单的访问量的增加，而是目标客户的访问有针对性，有实效。

3．延续性

网站推广是项长期的工作，需要长期地、有规划地、延续开展。推广本身是分阶段的，延续性保证了网站推广的完整。

（二）网站的技术推广

1．定位

做网站的第一目的是盈利，所以网站要做的第一件事是要找准市场，定好位，还要有清晰的盈利模式，所以在网站架设前的市场分析和投资收益分析是必不可少的。你的市场是什么？你如何盈利？作为网站运营者一定要非常清楚。

2．服务

网站要盈利肯定是要网站能让客户接受并产生价值，所以一定要做好网站推广、内容及服务。网站必须要有自己独特的东西，用户凭什么能记住你的网站，用户为什么上你的网站？

3．团队

市场找到了，盈利模式确定了，接下来就是团队的搭建，打造一个高效的网站运营团队是非常重要的。需要多少人，需要什么样的人都是根据网站的内容来确定的。

4. 创新

网站稳定经营一段时间以后，站主就必须考虑如何创新了，因为很多人发现了你的网站，知道这种网站能赚钱，并且很多人在模仿你（互联网模仿的速度是最快的），所以一直要保持以你独特的方式，也就是别人没办法快速模仿的方式去做。

5. 发展

网站经营团队搭建好了，网站也做好了，推广也做得不错，也获得了客户的认可，那么就要考虑发展的问题了，网站不可能一下子做得很大，所以起步时都是按照你的能力来规划网站的规模的，但是网站的规模总是会变的，要么变小直到网站死掉，要么变大。当网站规模变大时，就得考虑整个团队的建设和管理的问题了。

6. 运营稳定

网站的运营一定要稳定，如果客户经常打不开你的网站，那么你所有的努力都会前功尽弃。[①]

二、推广企业网站的方法研究

（一）使用传统的促销媒介

传统媒体主要包括电视、广播、报纸、杂志、印刷品和户外广告等，使用传统的宣传媒介来吸引用户访问站点也是常见的网站推广方法，运用得当也会带来很好的效果。

1. 报纸、杂志

报纸、杂志是目前使用传统方式宣传网站的最主要途径之一，例如，《计算机世界》《互联网络周刊》等一些全国著名的 IT 报刊，是企业做网站和宣传网址的首选媒体。

① 李蔚田，杨雪，孙恒有．网络营销实务[M]．北京：北京大学出版社，2009：132-133.

2．广播、电视

广播、电视在传统媒体方面拥有最多的受众，是网站广告宣传的最好选择。

3．户外广告

户外广告业务近几年在中国市场发展很快，当前，各大上网公司都不愿放弃这种传统的户外广告的宣传方式。

4．公司印刷品

公司在和外界交往时会消耗大量信封、信笺、名片和礼品包装，如在其上印上网址名称，让客户在记住你的名称、职位的同时，也看到你的网址和电子邮件地址，这是一种不需另外增加广告费用的宣传方式。

（二）搜索引擎注册

通常，人们要通过互联网查找有用的信息，第一选择就是搜索引擎。因此，如果企业在某个或多个著名的搜索引擎上进行注册，就可以提高自己的曝光率，更方便地使目标用户找到本企业的相关信息并进入本企业的网站。同时，要想使企业网站的被访问率提高，还要想方设法地使本企业的网址排列在搜索结果页的前面或醒目之处，因为排名靠前的点击率和排名靠后的点击率往往是千差万别的。

（三）发布网络广告

在目前所存在的广告形式中，网络广告可谓是一副新面孔。不管是什么国家、什么地区，还是什么样的企业，都对这种全新的广告形式爱不释手。原因是：网络广告具有区别于其他广告形式（电视、报纸、广播、杂志等各种媒体性广告形式）的与众不同的一系列特点，如实时性、交互性、传播范围大、无时间地域限制、受众数量可准确统计、受众群体特征明显、针对性强、迅捷性、形式多样、易检索性、可重复性等。

随着我国互联网行业的高速发展，互联网渗透率不断提升，互联网广告市场规模也随之高速增长。2018 年，我国互联网广告市场规模约 654 亿美元，预计 2020 年我国互联网广告市场规模将达到 946 亿美元，2023 年我国市场规模将达到 1343 亿美元，发展态势良好，拥有广阔的市场空间。

随着我国宏观经济步入新常态的发展阶段，商业企业也逐渐结束了野蛮扩张的成长模式，对于优质、高效的营销途径的需求日益强烈。因此，互联网广告的用户定位、精准营销、效果可测等特性受到越来越多的广告主的关注。受此影响，目前互联网广告主的类型已经由互联服务领域逐渐扩展到传统行业，包括金融、医疗、制造、教育和文化传媒等。长期来看，智能手机的普及以及 5G 技术的商用落地将进一步巩固互联网广告的优势，互联网广告市场或将进入新一轮高速持续增长期。

（四）利用 BBS 论坛进行宣传

互联网的出现为网络用户的交流沟通提供了无数可能，企业与企业之间、用户与企业之间、用户与用户之间可以采用多种不同的方式进行沟通，其中就包含了 BBS 论坛这种最常见的形式。论坛又称讨论组，指的是一些有共同兴趣的人们聚集在一起，通过 E-mail 参与讨论以及进行在线交流的方式。论坛的管理者对讨论的任何内容都有保留或删除的权力，同时，论坛的参与者也可以变换不同的身份，引起人们对其话题的注意力或产生一定的影响。

当一个企业网站达到了一定规模，即拥有了大量、固定的客户群之后，便可以在这些客户群之间建立一个 BBS 讨论组。要想用户参与其中，该讨论组必须具有足够的吸引力，例如：组织一些与企业产品相关的活动；或者，企业也可以在自己建立的讨论组中注册一个个人账户并登录，与客户之间参与讨论，适当地宣传、推广本企业的网站，但切记不能太明显，以免引起怀疑、适得其反。

（五）与其他网站互换链接

所谓互换链接又叫友情链接、互惠链接等，指的是多个企业分别在自己的网站上展示对方网站的名称、LOGO 以及超级链接，这样访问一个网站的用户就可以从中发现其他的合作网站，以此达到互相推广的效果。

互换链接的方式充分利用了企业之间的互补优势，将几个网站简单地联合起来。企业可以与一些著名的或相关的网站之间建立互换链接，已达到缩短网页之间距离的目的，并提高本企业网站被访问的概率。互换链接主要包含以下几个方面的作用：①获得访问量；②增加用户浏览网页时的印象；③提高网站在搜索引擎排名中的优势；④增加企业网站的可信度；等等。

此外，在建立互换链接时，还应注意以下几点。

1．互换链接并不是越多越好

有的时候，一些不相干的网站也会发送交换链接的请求信件给本企业，不要盲目接受。因为并不是互换链接的数量越多越好，一些无关或低水平的网站链接不仅对自己的网站无法起到正面的效果，而且还会降低那些高质量网站以及访问者对本网站的信任度。他们会认为本网站不够专业或素质低下，进而对本网站的声誉造成严重的不好影响。

2．适当对友情链接伙伴的网站进行回访，定期排查无效链接

互换链接建立之后，一般就稳定下来不再变化，但还是需要不时地进行测试或检查，即对合作网站的友情链接进行回访，看各个链接的运行是否正常。每个企业网站几乎都存在或多或少的无效链接，即使本企业网站内部的链接都很正常，但不能保证互换链接连到外部时也同样正常。因为有些友情链接的网站可能本身不太稳定，也可能经过改版、URL 指向转移或关闭等多种原因，导致原来的路径无效。而交换链接一般就被放在网站的首页上，位置较明显，错误链接或无效链接的存在会直接对本网站的质量产生较大的负面影响。访问者并不在乎无效链接是什么原因，在他们看来，不管是什么问题都是本网站的问题，至于是什么原因与自己无关。所以，网站的管理人员应该每隔一定周期对企业网站内的所有链接进行全面、系统性的检查和排除。

在回访的过程中，一旦发现对方的链接出现遗漏或者其他情况，应立即与对方取得联系进行协调。如果某些链接无法打开，且在一定时期内仍然不能恢复，则可以考虑暂时取消这些网站的链接，之后等待对方的主动联系。

（六）发送 E-mail

E-mail 是最常用的网络服务之一。通过使用 E-mail 向用户发送产品或服务等有价值的促销信息，企业可以达到宣传自己站点的目的。

需要提起注意的是，在利用 E-mail 宣传站点的时候，网站应该从用户的角度出发，避免因发送 E-mail 而引起用户对站点的反感。以下是一些应注意的细节。

（1）不要向用户发送未经许可的 E-mail。

（2）发送的 E-mail 应有明确的主题。

（3）表明 E-mail 发件人的姓名和地址。

（4）尽量在 E-mail 的正文部分表现内容，减少使用附件的形式。

（5）发送 E-mail 的内容应有的放矢、内容简洁、制作严谨。

参 考 文 献

[1] 华迎．网络营销[M]．北京：对外经济贸易大学出版社，2009.

[2] 瞿彭志．网络营销[M]．北京：高等教育出版社，2009.

[3] 孔伟成，陈水芬，罗辉道．网络营销的理论与实践[M]．北京：电子工业出版社，2009.

[4] 范军环，宋沛军，柳西波．网络营销理论与实务[M]．北京：北京大学出版社，2010.

[5] 王涛．网络营销实务[M]．北京：机械工业出版社．2012.

[6] 李蔚田，杨雪，孙恒有．网络营销实务[M]．北京：北京大学出版社．2009.

[7] 李纲，张天俊，吴恒．网络营销教程[M]．武汉：武汉大学出版社，2008.

[8] 沈美莉，陈孟建，徐慧剑．网络营销与策划[M]．北京：人民邮电出版社，2007.

[9] 乌跃良．网络营销[M]．大连：东北财经大学出版社，2009.

[10] 冯英健．网络营销基础与实践[M]．北京：清华大学出版社，2007.

[11] 秦琴，邱娜．网络营销与实务[M]．北京：经济科学出版社，2010.

[12] 武同青．浅谈 E-mail 营销中的客户关系管理[J]．信息技术，2008（6）：125.

[13] 刘常勇．论网络营销[J]．企业管理，2006(11)：34-36.

[14] 马勇．浅谈分销渠道的有效管理[J]．大众科技，2005(12)：214-215.

[15] 刘红军．以网站优化为手段的网络营销研究[M]．北京：北京交通大学．2006.

[16] 卢泰宏，王海忠，杨晓燕,等．百年营销：实战创新经典回放[J]．财会月刊，2000(15)：9-11．

[17] [美] 罗曼，霍恩斯坦著；易晔，译．互愿营销：最高效的全新关系营销实用手册[M]．北京：中国财经出版社，2006．

[18] [美] 贝思·罗杰斯著;王琳琳译．产品创新战略[M]．大连：东北财经大学出版社，1999．

[19] 宋沛军．电子商务时代的第三方物流分析．山东工商学院学报，2004（5）：82-85．

[20] 袁声莉．网络营销[M]．武汉：武汉大学出版社，2004．

[21] 张天俊．网络营销教程[M]．武汉：武汉大学出版社，2005．

[22] 王汝林．网络营销实战技巧[M]．重庆：重庆大学出版社，2006．

[23] 付宝强．E- mail 营销在客户关系管理中的应用[J]．管理观察，2009：248．

[24] 尹瑞林．网络营销理论与实务[M]．北京：人民邮电出版社．2011：71．

[25] 王颖纯．电子商务营销[M]．北京：电子工业出版社．2008．

[26] 高凤荣．网络营销实务[M]．北京：机械工业出版社，2010．

[27] 周莉，尚永庆．网络营销实务[M]．北京：北京师范大学出版社．2011．

[28] WebTrends and iProspect，2003（6）．

[29] Kenne．E-commerce：business，technology，society．Boston：Addison Wesley，2003．